2019 年 · 华东政法大学博士精品文库

限制有前科公民基本权利的边界研究

邵玉婷　著

上海人民出版社

图书在版编目(CIP)数据

限制有前科公民基本权利的边界研究/邵玉婷著
. —上海:上海人民出版社,2021
ISBN 978 - 7 - 208 - 17085 - 8

Ⅰ. ①限… Ⅱ. ①邵… Ⅲ. ①公民权-研究-中国
Ⅳ. ①D921.04

中国版本图书馆 CIP 数据核字(2021)第 079936 号

责任编辑 夏红梅 郑家豪
封面设计 夏 芳

限制有前科公民基本权利的边界研究
邵玉婷 著

出 版 上海人民出版社
     (200001 上海福建中路 193 号)
发 行 上海人民出版社发行中心
印 刷 常熟市新骅印刷有限公司
开 本 890×1240 1/32
印 张 7
插 页 3
字 数 175,000
版 次 2021 年 6 月第 1 版
印 次 2021 年 6 月第 1 次印刷
ISBN 978 - 7 - 208 - 17085 - 8/D · 3764
定 价 38.00 元

总　序

　　我们组织"华政博士精品文库"丛书，每年遴选若干部优秀博士学位论文出版，以期助推博士生学术发展，鼓励博士生精心治学。我们希望"华政博士精品文库"能够像一川清流，如一缕烛光，展现新时期学术青年的深思与创造，为我国的法学研究和法治实践事业注入自己的理想与力量！可以这样说，文库的每一本著作都满含着博士们的追求、志向与期望。这种志气和期望，体现着青年学子对我们国家法治建设的期许和信心，是博士们品德修养和科研底蕴的展现。他们将这种底蕴和情怀幻化为一种博大的向往，包含着对法治和真理的不懈追求，并将其内化为一种既定的生活方式。正如彼得·德恩里科所说："每个人都有一个博大的襟怀：通过法治来构建并维系一个和谐社会，通过彼此努力和共同参与来解决社会冲突。这不仅是我们的襟怀，也是我们寻求的生活方式。"

——摘自《2014 年·华东政法大学
博士精品文库》总序

目 录

导　论

一、五则典型案例引发的思考：回归之路为何荆棘满途

案例一：2013 年，有媒体报道，两名曾经有过犯罪前科的"失足男子"分别在南网、奥一网问政平台发帖表示，此前的服刑经历导致他们在找工作时频频遭拒；好不容易找到工作，一旦被发现曾服刑也会很快遭到劝退，这使得他们对未来生活无限迷茫。他们就此质疑，为什么社会不肯给他们一个改过自新的机会？①

案例二：2016 年 3 月 30 日，一则新闻引发各界广泛关注，该新闻指出，深圳网约车平台"5 宗罪"，其中一条"驾驶员招录普遍把关不严，市民乘车安全难保障"，滴滴出行、优步公司相继表态回应称，加强与有关部门的合作，对驾驶员进行严格审核与

① 参见《刑满人员求职频频碰壁》，《南方日报》2013 年 1 月 6 日第 A9 版。

筛查,剔除可能威胁乘客安全的人员进入平台。①

案例三:南昌市一家宾馆的保安砍伤保安队长,致后者轻伤甲级。警方在调查中发现,砍人保安有前科。为此,治安管理支队以招收不符合规定条件人员担任保安员和未按规定到公安机关备案为由,对宾馆予以了警告并处罚款1万元的处罚,同时责令宾馆解聘在该店从事保安员工作的罗某。②

案例四:2017年8月25日,上海市闵行区人民检察院启动了"限制涉性侵害违法犯罪人员从业工作"。该区建立了近五年涉性侵害犯罪黑名单信息库,"要求区内从事未成年人服务的教育、培训、医疗机构、游乐场所等单位,在招录人员时,需通过信息库对拟招人员进行比对审查,如对方有涉性侵害犯罪记录,将被禁止录用"。③

案例五:2018年4月,英国政府颁布了新法律,为保护租房者的权益,曾经犯有盗窃、跟踪等罪名的人会被加入到住房部的数据库当中,不能把自己的产权房予以外租。④

诸多案例向我们揭示了一个残酷而现实的问题:有前科公民被执行刑罚,为自己的犯罪行为"买单",刑满释放回归社会之后,曾经犯罪和被刑罚处罚的人生经历浓缩为"前科"二字,犹如拦路之虎,使其回归社会之路荆棘满途。美国作家朱迪·皮考特在小说《被贴上标签的人》中塑造的主人公杰克,原本是一名受人尊敬的老师,被指控性侵女学生。他坚称自己是清白的,但是在律师的建议下,杰克选择了认罪。八个月的牢狱生涯后,杰克决定在一个小镇重新开始生活。但拥有前科

---

① 参见刘凡:《深圳3000多专车司机有"前科"曾涉吸毒、重大刑事犯罪:多部门约谈滴滴、优步、易到等平台》,《南方都市报》2016年3月30日第A1版。
② 参见涂永辉、胡亚熙:《保安砍人有前科 宾馆违反保安管理条例受训1万》,载搜狐网,http://news.sohu.com/20120814/n350610792.shtml。
③ 李明:《上海闵行限制涉性侵犯罪人员从业》,《新京报》2017年8月29日第A14版。
④ 《英国租房新规即将立法! 有犯罪前科的人将不能成为房东》,载涌正投资英国置业投资网,http://www.youinvest.cn/iinvestment/content/pid/3/newsid/1734.html。

记录的他依然无法逃脱被贴上犯罪人标签的命运。小说的开始,杰克走出监狱,茫然于何去何从,他想到一些问题:可以靠什么谋生? 交通工具? 住哪里? 他不愿回新罕布什尔州的忠诚镇,连东西都不想回去收拾。有什么意义呢? 反正那份工作也没有了,他也不再是以前的他,既然如此,何必去收拾那些刻画着过往痕迹的物品?①"杰克之问"也许是每一个刑满释放人员在跨出监狱大门时都会自问的问题。

现代社会是一个风险社会,每个人都可能面临被犯罪裹挟的风险。有效惩罚和预防犯罪是国家不可推卸的责任。如何更加有力地预防和打击犯罪是一国刑事司法制度构建的价值起点和基本功能。恰如任何手术都无法保证疾病的完全治愈和不再复发,而须配合后续的药物维持、健康理疗、医疗监测等措施。对待犯罪,除了雷霆手段的刑罚运用之外,仍需适用诸如制约、管束、监督措施,以使想犯罪之人不敢、不能犯罪,才能维护公共安全。这种柔性、隐性和慢性的管控与防控,在制度设计上即体现为对有前科公民的各种权利限制。而自由平等、反对歧视是现代法治社会毋庸置疑、最为根本的价值,这样一来就引发了一连串的追问:平等是否适用于所有人? 犯过罪的人与普通公民是否平等? 如果存在不平等的情况,如何予以法律的规制,使其不至于僭越过多的公民权利? 很多的不平等与歧视不仅仅是单纯的文化偏见、情感误解,恰恰源自制度性排斥。

公民犯罪以后经过定罪量刑和监狱服刑,刑罚得以执行完毕,对犯罪公民的法律制裁至此结束,在此之后是否仍然需要对其部分权利进行限制? 限制是否必要? 是否妥当? 如何限制? 限制的边界在哪里? 这些问题是在对有前科公民进行权利限制时必须予以充分考虑的因素。哈耶克认为:"就维护个人自由而言,权力的限制较之权力的来源

---

① ［美］朱迪·皮考特:《被贴上标签的人》,郭宝莲译,北京联合出版公司2016年版,第2页。

更为重要,民主政治可能和最坏的独裁政治一样暴虐,源于大多数人意志的权力也会是专横的。所以,防止权力成为专断的,不在于它的来源,而是对它的限制。"①对公民权利的限制必须有所规制,否则权利即处于无所保障的状态,对有前科公民进行权利限制必须建立相应的规制机制,否则这种权利限制就会失之过宽、过当,从而对有前科公民的权利造成不必要侵害。因此,有必要从实践中暴露出的诸多令人"心寒"与"心惊"的案例出发,从理论上探讨公权力对有前科公民权利进行限制的边界在哪里? 以防权力越界,僭越公民权利。

二、研究价值及意义

有关前科的研究是刑法学研究的重要课题之一。刑法学界围绕着前科的性质、功能、前科在定罪量刑中的运用以及前科消灭制度的构建展开研究维度,希望通过前科制度的合理设计和功能的恰当运用承载打击犯罪、实现社会防卫的目的,也积累了相当数量的研究成果。

近年来,随着各地针对有前科公民的各种"奇葩"政策和措施的不断曝光,宪法学界开始逐步将研究视角投向有前科公民这一特殊群体,关注他们的权利保障问题。就业关涉公民的基本生存问题,权利主体对这一项权利的限制尤为敏感,我国立法中存在相当数量针对有前科公民就业的限制,宪法学界的研究率先从前科就业歧视和平等保护这一领域切入,有学者重点研究前科就业歧视问题。②

事实上,针对有前科公民的权利限制远不止于此。笔者对重新犯罪的服刑人员、吸毒人员以及刑释人员开展的问卷调查和对相关人员开展的个别访谈提示,他们不仅在就业、入学、入伍、社会保障等方面遭遇过诸多制度性的权利限制,甚至其近亲属和其他家庭成员基于法律法规的规定而受到规范性的株连评价,进而导致特定的权利遭到限制、

---

① 张文显:《二十世纪西方法哲学思潮》,法律出版社1996年版,第264页。
② 王彬:《就业中的前科歧视研究》,上海交通大学博士学位论文2009年。

特定的资格遭到剥夺,有学者形象地称之为"前科株连效应"。①然而,权利限制的范围不仅存在于立法的制度设计之中,在司法领域、在政府的社会管理中,都存在着不少针对有前科公民的权利限制。

从现象上看,对有前科公民的权利,尤其是宪法基本权利的限制是国家打击和预防犯罪的一种制度考量,或是国家刑罚体系的一部分,现有的研究往往从刑法学的视角来研究前科制度。如何运用前科制度是刑法学、犯罪学研究的重点课题,但是,具体到基于前科这一客观事实而对公民基本权利进行各种限制这一问题时,限制哪些人、限制哪些权利、怎样限制、限制多长时间等,从本质上讲,体现的是公权力与公民权利之间干预与防御的博弈过程,基于预防犯罪、维护公共利益的需要以及社会共同的情感需求,应当对有前科公民的部分基本权利进行限制,但同时,公权力不可能无限制地干预和限制有前科公民的基本权利,否则即是权力滥用和权力恣意,两者之间应当划定"楚河汉界",确立权利限制的边界。

这种限制应当置于宪法的规制之下,遵循平等原则、比例原则、信赖保护原则和法律保留原则,具有合法的形式要件,保护公民对于刑罚秩序的合理信赖,不得予以有前科公民不合理的差别待遇,在限制的具体设定上应接受目的正当性、手段适当性、必要性以及目的手段之间的均衡性检验。在限制程度、限制范围和限制方式上结合犯罪行为及犯罪人进行个案化、类别化判断,对权利限制进行规制,厘清国家权力在对有前科公民基本权利限制上的权力边界。

由于对有前科公民权利的限制十分繁杂,涉及的权利类型也十分多样和复杂,不仅有公民宪法基本权利,也包括民事、刑事等部门法领域中的权利。本书聚焦于对有前科公民宪法基本权利的限制及其规制问题,研究的重点不在于关注某一类型权利受到限制的问题,而是将有

---

① 　于志刚:《前科株连效应的刑法学思考》,《法学研究》2011 年第 1 期。

前科公民作为一个权利集合体,研究权利限制中的国家公权力与公民基本权利之间的互动关系,探讨对有前科公民基本权利限制边界问题,以期探索针对这一类型基本权利限制的一般规律和基本公式。

三、研究现状

(一)有关理论研究

1. 关于前科制度的研究

关于前科制度的研究,主要集中在刑法学领域,围绕前科性质、功能及在定罪量刑中的运用展开讨论。尤其是《刑法修正案(八)》免除了未成年人前科报告义务,刑法学界围绕前科消灭制度进行了大量的研讨。

关于前科的性质,国内外的研究主要存在两种观点:一是刑事责任实现形式说。持论观点认为,前科是法定的刑事责任的实现形式,在前科期内,犯罪人仍然负有刑事责任。"判处刑罚和执行刑罚带来的不良后果也是刑事责任的内容,这些后果表现为一系列的法律限制:限制选择居住和工作地点;必须通报正式文件记载的过去被判刑情况等。"[①]俄罗斯刑法教科书即认为,前科是刑事责任要素之一。[②]另一种观点认为,前科是刑罚的后遗效果。该理论产生于日本理论界,我国学者于志刚教授认为:"前科是'对前罪刑罚效果的配套评估体系',而这正属于前罪刑罚的后遗性效果之一。"[③]

---

① 参见[苏联]J.B.巴格里-沙赫马托夫:《刑事责任与刑罚》,韦政强等译,法律出版社1984年版,第63—64页。转引自马长生、彭新林:《前科消灭的性质辨析》,《安徽大学法律评论》2008年第2辑。

② 俄罗斯刑法教程认为,"刑事责任是由法院以国家的名义对实施犯罪的人进行谴责、判处刑罚(缓刑与非缓刑)和前科组成的,所以,前科是刑事责任要素之一"。参见Н.Ф.库兹涅佐娃、И.М.佳日科娃主编:《俄罗斯刑法教程(总论)下卷·刑罚论》,黄道秀译,中国法制出版社2002年版,第833页。

③ 于志刚:《犯罪记录报告制度的批判性解读及其完善》,《南都学坛(人文社会科学学报)》2009年第5期。

关于前科消灭制度的研究,有学者认为:"前科消灭即曾经受过法院有罪宣告或被判定有罪的人在具备法定条件时,国家抹销其犯罪记录,使其不利状态消失,恢复正常法律地位的一种刑事制度。"①前科制度和前科消灭制度的存在恰是刑法"严厉"和"宽和"两个维度的表现。

2. 关于对有前科公民基本权利限制的研究

对有前科公民基本权利限制的研究,宪法学界重点围绕就业权、隐私权、社会保障权等公民基本权利的平等保护、反歧视的理论视角展开研究。有学者认为:"我国现行法律法规对有前科公民就业资格的剥夺或限制构成了不合理的差别对待……这种差别对待构成不合理归类,构成了歧视,其本质是侵犯了有前科公民的平等就业权。"②

学界围绕某一特定行业的就业限制探讨相关立法是否违反平等原则、比例原则,是否存在违宪嫌疑。有学者以《娱乐场所管理条例》第五条为研究对象,认为该条款限制了四类特殊公民的平等就业权,属于"不合理的差别待遇",构成对平等原则的违反。③有学者认为,《公务员法》第二十四条第一项的内容,并未对受过刑事处罚的人选择侵害更小的手段来限制他们的职业自由选择权,侵害了受过刑事处罚的公民的人格尊严、平等权、参政权和职业自由选择权,是否合适值得学界进一步探讨。④

3. 关于越轨行为、标签理论和社会排斥等社会学理论的研究

在社会学研究中,对于有前科公民群体的研究主要从越轨行为、标签理论和社会排斥理论展开。美国社会学家霍华德·贝克尔认为:"越

① 彭新林、毛永强:《前科消灭的内容与适用范围初探》,《法学杂志》2009 年第 9 期。
② 王彬:《就业中的前科歧视研究》,上海交通大学博士学位论文 2009 年。
③ 蒋红珍:《把握好限制公民平等就业权的合理的度——从〈娱乐场所管理条例〉第 5 条招致质疑说开去》,《法学》2006 年第 9 期。
④ 参见王安鹏:《受过刑事处罚的人能否被录用为公务员——对〈公务员法〉第二十四条第一项的宪法学思考》,《人大法律评论》2011 年卷第 2 辑。

轨是被社会创造出来的……越轨者是被他人成功贴上越轨标签的人，越轨行为也是指被冠以类似标签的行为。"①越轨行为由社会反映界定,存在于越轨者与非越轨者的互动中,越轨行为的标签或身份使某个人成为"圈外人",受到社会的排斥。②标签理论为预防犯罪和矫正犯罪人回归社会提供了一种新的研究视角,被越来越广泛地应用于社会学、犯罪学、心理学、社会工作等领域。

社会排斥理论最初是在研究贫困问题的过程中被发现的,斯尔维认为,社会排斥指个人与社会整体之间关系的断裂。③吉登斯认为,社会不同地位的人都有可能被社会排斥,社会地位高的人和社会地位低的人可能位于社会排斥的不同向度上。④ 在社会排斥理论引入国内后,我国学者也对其理论有了诸多不同的看法。有观点认为,社会排斥是由劣势地位引发的不断叠加的"一个动态过程",它导致社会纽带的断裂。⑤有学者关注劳动力市场和社会保障体系中,社会弱势群体如何受到主流社会的排挤,日益成为孤独无援的群体。⑥社会学研究发现,弱势群体面临的社会排斥集中表现在经济排斥、政治排斥、制度排斥、教育文化排斥、社会关系排斥等多个方面。⑦

（二）有关判例、立法研究

判例法国家围绕对有前科公民权利限制问题形成了一系列判例,譬如英国的佚名案(R v. Commissioner of police of the Metropolis)、加拿大的理查德法官案(Judge Richard Therrien, Q.C.J. v. The Minister

---

① ［美］贝克尔:《局外人:越轨的社会学研究》,张默雪译,南京大学出版社 2011 年版,第 8 页。
② 束钰:《标签理论下青少年犯罪问题探析》,安徽大学硕士毕业论文 2010 年。
③ 周林刚:《论社会排斥》,《社会》2004 年第 6 期。
④⑦ 王立业:《社会排斥理论研究综述》,《重庆工商大学学报(社会科学版)》2008 年第 3 期。
⑤ 杨团:《社会政策研究范式的演化及其启示》,《中国社会科学》2002 年第 4 期。
⑥ 李斌:《社会排斥与中国城市住房改革制度》,《社会科学研究》2002 年第 3 期。

of Justice, et al.)、魁北克案(Quebec v. Maksteel Quebec Inc.)。这些判例围绕隐私权、人格尊严、公共利益等问题推进研究维度。在立法上,美国的"ban the box"法案(限制询问犯罪记录)出于保护有前科公民平等就业权,规范犯罪记录在就业招聘程序中的利用与公开。梅根法则出于保护公共利益、社区安全的考虑对有性暴力犯罪前科的人进行登记和社区公告。并在理论上评述、剖析公权力对前科信息的使用与公开行为的合法性、合宪性问题。

四、三个核心概念

(一)前科

历史上最早关于前科的规定可追溯至古印度,《摩努法典》第八卷第三百五十三、三百七十三条即有"与他人之妻私下交谈二次被告发加重罚款"的规定。①"1810 年法国《刑法典》开启了近代前科制度的先河,规定对再次犯罪人员加重处罚。"②由于前科发端于刑法学界,并常被用作量刑裁量的重要依据,因此,关于前科的界定主要集中在刑法学界,并形成多种学说。本书认为,前科既然是一种对公民权利产生负面影响的制度设计,体现的是国家权力对公民权利的限制和干预,应当在原有基础之上引入宪法的视角进行界定与限定,故此,本书认为,前科是指曾经被宣告有罪或被判处刑罚的法律事实,至于是否被判处特定刑罚、是否实际执行刑罚并不影响前科的构成。

(二)前科法律效应

前科的法律效应主要体现在两个方面:一是在刑事领域,对有前科公民再次犯罪时予以更为严厉的刑事处罚。二是在民事、行政领域,限制、克减有前科公民权利、限制或剥夺其特定资格或增加其义务。

---

① 转引自叶志宏等编:《外国著名法典及其评述》,中央广播电视大学出版社 1987 年版,第 72—73 页。
② 王济中:《论累犯》,《刑事法杂志》1965 年第 9 卷第 6 期,转引自苏彩霞:《累犯制度比较研究》,中国人民公安大学出版社 2002 年版,第 22 页。

（三）宪法基本权利

宪法基本权利是宪法所保障的公民权利,在整个公民权利体系中居于最重要、最基本和最核心的地位,直接关涉公民人格尊严、生存发展。我国宪法文本中对基本权利的规定采取了列举与概括相结合的方式,因而,基本权利的范围不仅局限于宪法文本所列举的基本权利,还应包括众多未在文本中列举,但也需宪法予以保障的权利,即未列举的基本权利。

五、主要研究方法

（一）规范分析的方法

对有前科公民基本权利限制的制度文本进行规范分析是本书最为主要的研究方法。通过规范分析我国法律体系中关于有前科公民基本权利限制的制度设计,完成对制度的法律描述。

（二）历史考察的方法

一切社会现象的产生与发展都有其历史的根源。本书运用历史考察的方法对有前科公民基本权利限制这一现象进行历史回顾与分析,探寻制度设计的初衷和发展的历史脉络。从中发现问题,为研究现状提供历史参考。

（三）实证调查的方法

运用实证调查的方法对有前科公民群体进行问卷调查,并对部分研究对象进行个别访谈。在此基础上,分析有前科公民权利限制的现状与问题。为全书的研究提供"靶点"。

（四）比较研究的方法

比较是认识事物的基础,比较研究的方法也是鉴别、分析事物异同关系常用的思维方式。对有前科公民特定权利进行限制不仅仅是中国所独有的制度设计。运用比较研究的方法梳理其他国家和地区的制度和措施,通过观察和整理境外做法来为中国制度的完善提供镜鉴。

六、主要创新及不足

（一）主要创新

在理论上，以宪法的理论为基础，运用宪法学的研究视角和方法，融合刑法学、犯罪学、社会学、心理学等有关学科知识，开展对有前科公民权利限制的权力—权利关系分析，探究权利限制的制度设计动因及权利限制之限制，明确国家权力的边界。

在实践上，较为全面地剖析有前科公民这一特殊群体的权利保障与权利限制的实际状况。区别于监狱服刑人员，对有前科公民的权利限制更为隐蔽和分散，与之相对应，社会对有前科公民权利保障与限制问题往往欠缺关注度，而这一群体本身又缺乏话语权。厘清权利限制的边界问题有益于更好地保护这一群体的合法权益，也有益于更加规范地运用和限制公权力。

（二）主要不足

对有前科公民进行权利限制，限制哪些权利，怎样限制，如何进行规制，不仅仅是一个宪法学视阈下权利保障与权力限制的问题。在更为广泛的研究领域中，它是特定的历史阶段下，一个国家、一个社会、一个民族对于犯罪及犯罪人理性和感性认识的真实写照。对前科及相关问题的研究不能脱离刑法学、犯罪学、社会学、心理学的研究积累。本书的研究论述，侧重于宪法学理论、方法的分析，对于统筹相关学科进行更为系统、深入的研究和分析存在欠缺之处。同时，在实证调查中，囿于笔者的知识结构和专业背景，在问卷设计的科学性、调查对象筛选的合理性、数据统计分析的系统性上还有所欠缺。

第一章　有前科公民被限制的基本权利

　　对曾经犯过罪的人区别对待、打入"另册"不是个别国家、个别时代或者个别案例的特殊情况，而是蔓延在不同历史时期、不同文化传统、不同国家制度下的一个十分常见的法律现象。法国思想家福柯认为，刑罚的发展经历了从肉体到灵魂、从野蛮到文明的过程，"曾经降临在肉体的死亡应该被代之以深入灵魂、思想、意志和欲求的惩罚"。[①]"囚禁刑给其牺牲品烙上犯罪的印记，具有这种烙印的人的社会存在如同民事上的一类死亡而被消灭！"[②]我国古代的黥刑，通过在罪犯脸上或身体部位刺字，一方面，对罪犯人格进行侮辱，另一方面，将罪犯与普通人群区分开。"本以示辱，且使人望

[①]　[法]米歇尔·福柯：《规训与惩罚》，刘北成、杨远婴译，生活·读书·新知三联书店2012年版，第17页。

[②]　[德]拉德布鲁赫：《法学导论》，米健译，中国大百科全书出版社1997年版，第92页。

面识之。"①《汉书·刑法志》记载,"令曰:'当三族者,皆先黥,劓,斩左右止,笞杀之,枭其首,菹其骨肉于市。其诽谤詈诅者,又先断舌。'故谓之具五刑"。②人性之中似乎总有一种分类的冲动,将人分为你的、我的、好的、坏的、犯罪人与普通人,进而形成亲疏有别、远近不同的人际关系,即所谓"物以类聚,人以群分"。而这种群分的外在行为即是为罪犯打上标签。典型的人物莫如《水浒传》中误入白虎堂被刺配沧州的林冲。随着社会法治文明的发展,外显的"刺字"式的犯罪人标签被另一种更为隐蔽的标签——"前科"所取代,将人区分为有前科的和没前科的,基于前科设置各种制度性壁垒,将有前科公民挑拣出来,在权利享有、保障、行使上予以区别对待、限制或剥夺,抬高权利享有和行使的门槛。

第一节　前科及其法律效应

一、前科概念的界定与限定

（一）前科概念的理论界定

在我国现有的制度设计中,前科并不是一个严格意义上的法律概念,我国刑法未明文提出前科这一概念,但是在事实上设计了前科报告等相关制度。除此之外,其他的法律、法规中也未明确界定前科这一概念,"前科"一词主要出现在"最高人民法院、最高人民检察院的司法解释"、部委规章和地方性法规等位阶较低的法律规范中。事实上,前科在我国处于"用而不宣"的状态,这也造成了对前科概念理论和实践界定上的莫衷一是、众说纷纭,主要有以下四种界定:

1. 历史污点论。持论观点认为,凡是历史上犯过罪、错并因此受到处分的人,其以前所受处分即为前科。③因此,前科的范围十分广泛,不

---

① 《大学衍义补》。

② 《汉书·刑法志》。

③ 张晋清、傅清河:《试谈我国刑法中的前科》,《法学杂志》1985 年第 5 期。

仅包括了刑罚处罚,还包括现已被废止的劳动教养、各种行政处罚(如行政拘留、罚款、警告)、行政强制(如强制隔离戒毒),甚至包括党纪、政纪处分。

2. 刑罚处罚论。持论观点认为,经过法院判决并实际执行刑罚方能构成前科。苏联是明确界定前科并建立较为完善的前科制度体系的国家。苏联刑法学界认为前科(从服刑期满或者假释时刻起到前科期满或者前科撤销止)是刑事责任的一个阶段。我国有刑法学者认为,前科一般指曾经犯过罪,受过刑事处罚的一种法律状态。[1]有学者立足"前罪"与"后罪"的动态关系上指出,称"前科"必须具备两条:一是必须曾被法院认定为犯罪,判处过刑罚;二是这样的人释放后又重新犯罪。[2]

3. 有罪宣告论。持论观点认为,只要受有罪宣告即可构成前科,至于是否实际判处刑罚或执行刑罚则在所不论。德国、英国、日本、朝鲜等国家,将前科界定为曾受确定判决有罪宣告的事实,是否被科刑或刑罚执行与否不影响前科的成立,即凡是受过有罪宣告的均视为有前科。[3]

4. 折衷论。该论折衷了刑罚处罚论与有罪宣告论,认为前科是指某人曾经被宣告有罪或被判处刑罚的法律事实。[4]持论观点认为,前科不仅包括被判处刑罚的情形,也包括了被宣告有罪但未判处刑罚或免除刑罚处罚的情形。有学者指出,前科是一种法律事实,而非客观事实,并将前科表述为"被法院宣告犯有罪行或判定有罪的法律事实"。[5]

5. 有期徒刑执行完毕论。持论观点认为,前科以犯罪被判处有期徒刑以上刑罚,并已实际执行完毕为要。被判处有期徒刑以下刑罚,或

[1]　覃剑峰:《论前科》,武汉大学博士学位论文2010年。
[2]　邱连云:《常用错的法律用语》,《法学杂志》1988年第6期。
[3]　参见张甘妹:《刑事政策》,台北三民书局1979年版,第128页。
[4]　鲍遂献:《论前科》,《法学评论》1987年第1期。
[5]　彭新林:《前科消灭论》,湘潭大学硕士学位论文2007年。

者被宣告有罪而未被判处刑罚或被免除处罚的情形则不构成前科。据此,有学者将前科界定为,曾被人民法院判处有期徒刑以上的刑罚且已执行完毕的人又犯新罪,其前罪被判处刑罚且已执行完毕的事实,称为前科。①

（二）前科概念的宪法限定

前科既是对行为人进行的否定性评价,又是对行为人的权利进行限制以达成有效预防犯罪和惩治犯罪的功能设定。前科概念的抽象界定是公权力干预有前科公民权利的程度、手段、范围。权力的有效运用和权利的合理限制无疑是前科制度背后的法理基础,宪法以控制国家权力、保护公民权利为职责,因此,前科概念的界定与论证不能仅仅立足于刑法学研究领域,而需要引入宪法的研究视角,运用宪法学理论界定前科的内涵和外延。其界定与限定应当符合"有益"与"有限"两项标准,其目的在于使纳入前科范畴的"负面履历"与预防犯罪关联紧密、范围合理。

1. 以"有益于公共利益"为限定

前科制度的设计以预防重新犯罪、维护社会公共利益为目的,则纳入前科范畴的行为必须与犯罪存在较高的关联度,对于维护公共利益具有较为显著的正相关性,基于此,对具有这些行为的人进行管控,并对重新犯罪进行更为严厉的刑罚处罚,这种机制的设置方能具有宪法上的合法性、正当性基础。

2. 以"对行为人有限限制"为限定

诚然,污点行为与犯罪行为存在一定的关联,很多罪犯都有污点行为,但现有研究中并无直接证据表明,有污点行为的人必然或大概率会犯罪。本书认为前科所覆盖的行为应以犯罪行为为限,至于是否实际执行刑罚则是犯罪的定量问题,反映的是犯罪的社会危害性及犯罪人

————————

① 鲍遂献:《论前科》,《法学评论》1987 年第 1 期。

的人身危险性的大小,并不影响前科的成立。

因此,本书认为,前科是一种包含行为人犯罪情况的法律事实,这一法律事实以行为人被宣告有罪或被判处刑罚为限,至于是否被判处特定刑罚,是否实际执行刑罚并不影响前科的构成。

二、前科的法律效应

(一)对有前科再犯者予以更为严厉刑事制裁

对有前科的人员再次犯罪时予以更为严厉的刑罚处罚是前科制度在刑罚裁量上的重要运用,在此,前科是量刑的重要考量因素。[①]"前科制度的首要价值在于其量刑价值,即直接导致对后罪的量刑产生严重的负面影响。"[②]在加重刑罚处罚的运用路径上又与累犯制度的设计紧密相关。其中的逻辑构成是:有前科人群中一部分人再次犯罪成为累犯,累犯的界定则基于前罪罪名、刑罚种类、再犯间隔等要素的不同而在各国刑事立法中有所差异,但共同的法律后果是累犯导致刑罚裁量上的从重处罚,即累犯从严。形成前科—累犯—从重处罚的逻辑推演。

(二)对有前科公民权利进行克减

在人类社会的发展历程中,人们一直希望能设计一套消灭犯罪的制度,然而,彻底消灭犯罪显然是不现实的。因而,制度设计的视角转向于如何减少犯罪,如何尽可能地将犯罪消灭于萌芽状态,如何延长犯罪发生的周期,如何降低犯罪的频次。更为关注的是如何超前地预防

[①] 《最高人民法院关于常见犯罪的量刑指导意见(2014年)》规定,对于有前科的,综合考虑前科的性质、时间间隔长短、次数、处罚轻重等情况,可以增加基准刑的10%以下。前科犯罪为过失犯罪和未成年人犯罪的除外。2016年《最高人民法院关于印发〈关于审理抢劫刑事案件适用法律若干问题的指导意见〉的通知》中指出,对于采取故意杀人以外的其他手段实施抢劫并致人死亡的案件,要从犯罪的动机、预谋、实行行为等方面分析被告人主观恶性的大小,并从有无前科及平时表现、认罪悔罪情况等方面判断被告人的人身危险程度,前科是作为衡量犯罪人人身危险程度大小的一个重要的参考依据,从而影响刑罚裁量。

[②] 于志刚:《论前科制度的量刑价值》,《山东公安专科学校学报》2001年第6期。

犯罪,使社会整体的犯罪处于可控状态。

预防犯罪,一个行之有效的路径无疑是管控犯罪可能性较大、犯罪率较高的重点人群。有前科公民因其较高的再犯率,无疑是重点管控的目标群体。基于此,对有前科公民的有关权利进行克减,对部分行业就业资格进行限制,并增加相关义务,限定或消灭其犯罪的便利条件。正如有学者指出,"在刑事案件的处理过程中,犯罪记录发挥着重要甚至是决定性的作用。犯罪记录也迅速地变成一份消极的简历,被用以决定他们能否获得执业证书、社会福利、工作、住房的资格"。①这种权利的克减、资格的限制和义务的增加,从客观上限制了有前科公民犯罪的行为能力,消除了犯罪的条件和机会,有助于减少犯罪,有利于维护社会公共利益。这是前科制度的第二项功能,也被称为前科的民法、行政法上的法律效应。

第二节　公民基本权利的构造与分类

探讨限制有前科公民基本权利问题,首先我们应当厘清什么是基本权利,基本权利包括了哪些权利。基于这些基础性问题研究之上,我们才能分门别类地解剖对有前科公民基本权利限制的制度设计和实践运行。

一、基本权利的辨析:公民权利、基本权利与人权的交织与剥离

基本权利是宪法及宪法理论中最为核心的概念。对基本权利概念的界定体现了一国立宪价值,呈现了公民之于国家最为基本的宪法地位。

第一种观点,从基本权利与人权关系角度来界定基本权利。《布莱

① ［美］詹姆斯·杰克布斯、塔玛拉·克莱皮特:《犯罪记录范围、用途和可获得性的扩张》,徐翠翠、岳蓓玲译,《刑法论丛》2009 年第 3 卷。

克维尔政治学百科全书》中认为，基本权利是"个人拥有的较为重要的权利；人们认为，这些权利应当受到保护，不容侵犯或剥夺。基本权利被称为天赋人权，因而又常被称为人权"。①《世界人权宣言》《经济、社会和文化权利国际公约》和《公民权利和政治权利国际公约》三大人权公约出台后，对各国的立宪思想、立宪实践都产生了深远的影响，有些国家甚至用"人权"或"基本人权"的概念来统摄基本权利，并参照三大人权公约，在宪法中确认相关人权。

第二种观点，从基本权利对公民的重要意义角度界定基本权利，认为"基本权利就是那些对于人和公民不可缺少的、不可取代的、不可转让的、稳定的、具有母体性的平等的共同权利"。②这一观点从公民权利体系中抽取出最为重要、核心的权利构成基本权利。

第三种观点，从基本权利确认和保障载体，即基本权利与宪法的关系角度来界定基本权利，认为"基本权利，也可称为宪法权利，是指那些表明权利人在国家生活的基本领域中所处的法律地位的权利。它具有固有性、法定性、不可侵犯性、普遍性和稳定性"。③类似的观点认为："公民的基本权利是指宪法规定的，公民为实现自己必不可少的利益、主张或自由，从而为或不为某种行为的资格或可能性。"④有学者指出："基本权利是由宪法规范所确认的一种综合性的权利体系，所谓基本权利是指宪法赋予的、表明权利主体在权利体系中重要地位的权利。"⑤这一类观点认为基本权利就是宪法所确认和保护的权利。

公民基本权利与公民权利、人权具有紧密的关系。法国的《人权和

① ［英］戴维·米勒、韦农·波格丹诺主编：《布莱克维尔政治学百科全书》，邓正来等译，中国政法大学出版社1992年版，第283页。
② 徐显明：《"基本权利"析》，《中国法学》1991年第6期。
③ 李龙、周叶中：《宪法的基本范畴简论》，《中国法学》1996年第6期。
④ 周叶中主编：《宪法》，高等教育出版社、北京大学出版社2005年版，第261页。
⑤ 胡锦光、韩大元：《中国宪法》，法律出版社2004年版，第175页。

公民权宣言》将人权和公民权相提并论,德国《基本法》第一条第二款的人权条款又置于基本权利章节之下。

首先,公民权利是基于公民身份所享有的权利,而人权是作为人所具有的权利,因此,对于外国人来说,他必然享有人权,但却并不一定能完全享有公民权利。两者之间在权利内涵上存在很多重合之处,但人权比公民权更加根本。

其次,在人权与基本权利的关系上,从道德基础上看,人权先于国内实证法,也并不依赖宪法、法律的创制。当然,人权对于特定国家宪法、法律的法律效力如何? 这个问题在理论界尚存争议。人权是基本权利的应然状态,而基本权利呈现的是人权的实然状态,两者之间存在一个实定化的过程,这个过程取决于一国的民族特性、立宪传统、文化背景等因素影响和形成的法治现状。恰如有学者指出,"人权实定化以后便成为基本权或基本权利"。[①]而人权到基本权利的过程是"人权在一国的理性科学化、习俗化和制度化"的过程。[②]

最后,人权、公民权利的理论、实践与立法的变动较为频繁,相形之下,基本权利由宪法所确认和保障,则较为稳定和固定,难以通过频繁的修宪补充和完善基本权利体系。

二、基本权利的构造路径:规则与原则

权利有很多种,尤其是随着社会发展,新技术引发的新问题在实践中孕育了新的权利需求,譬如,被遗忘权、数据删除权、器官捐献权等,推动了权利日益呈现递增式发展趋势。但并不是所有的权利都得到宪

---

① 韩大元:《宪法文本中"人权条款"的规范分析》,《人权》2006 年第 1 期。
② 参见张翔:《论人权与基本权利的关系——以德国法和一般法学理论为背景》,《法学家》2010 年第 6 期。文中认为,从人权到基本权利有四个限缩:一是从普适道德权限缩为民族国家内部的权利;二是从具有普遍道德效力的权利限缩为法律秩序内的制度化权利;三是从内涵各种现实可能性的权利转变成具有科学知识品质的权利;四是从抽象的普适价值限缩为具有特定文化背景的价值相关的实证权利。

法的确认和保护,只有那些最为核心、最为重要、最为基本的权利才能进入基本权利之列,既然基本权利只是权利庞大体系之中的一部分,那么一个重要的问题是如何形成基本权利,或者换句话说,基本权利外在表现载体是什么? 是否宪法文本上所列明的权利才是基本权利? 基本权利是否有其他的构造方式和形成渠道? 这里就涉及一个基本权利的构造方式问题。德国学者认为:"基本权利的构造方式有两种,一种是规则构造,一种是原则构造。规则是明确命令,它的应用形式是涵摄,而原则是最优化命令,权衡是它独有的运用方式。"①而在判例法国家,"得益于宪法文本之外权利的司法保护",通过法官在案件裁判过程中对宪法条款的解释,从而对宪法权利的体系进行发展和完善。②同时,借助立宪技术、宪法解释等方法在不对宪法文本进行修改的前提下丰富和完善基本权利体系。因此,基本权利的构造虽紧密依赖于宪法文本,但却并不止步于宪法文本,由此形成宪法文本上的基本权利和由宪法文本上的基本权利延伸的权利两个序列。

（一）宪法文本上的基本权利

宣示并保护公民基本权利是宪法永恒、基本和核心的功能。实证主义法学十分强调规范在权利保障中的重要作用,凯尔森甚至指出:"不预设一个调整人的行为的一般规范,关于权利的存在与否的陈述是不可能的。如果有法律权利问题的话,就一定要预设一个法律规则。在有法律之前就不能有什么法律权利。"③在有成文宪法的国家里,一方面通过宪法文本确认和保障的权利构成了公民基本权利的主体。而另一方面,宪法对公民权利的保障体现的是一国宪法对于公民宪法地位、

① ［德］罗伯特·阿列克西:《论宪法权利的构造》,张龑译,《法学家》2009 年第 5 期。
② 参见郑贤君:《宪法权利体系是怎样发展的? ——以美国法为范例的展开:司法创制权利的保护》,《法学家》2005 年第 6 期。
③ ［奥］凯尔森:《法与国家的一般理论》,沈宗灵译,商务印书馆 2013 年版,第 132—133 页。

国家与公民相互关系、权利保障的基本价值选择和认肯。恰如有学者指出,"基本权利是宪法赋予公民的最基本的、最重要的权利,表明了公民的宪法地位,反映了国家权力与公民权利之间的相互关系,构成了一个国家政治制度运行的基础"。①

对我国宪法文本的梳理可见,宪法文本中明确宣示和保障的公民基本权利包括了:财产权(第十三条),平等权(第三十三条),选举权和被选举权(第三十四条),言论、出版、集会、结社、游行、示威自由(第三十五条),宗教信仰自由(第三十六条),人身自由(第三十七条),人格尊严(第三十八条),住宅不受侵犯(第三十九条),通信自由和通信秘密(第四十条),批评、建议、申诉、控告、检举权(第四十一条),劳动权(第四十二条),社会保障权,获得物质帮助权(第四十四条),受教育权(第四十六条),文化权(第四十七条),除此之外,还包括了特定主体的权利,如妇女、儿童、华侨、军人及军属等权利。

(二) 由宪法文本引申的未列举的基本权利

除了宪法文本上的基本权利之外,还存在很多其他未列举的基本权利。譬如,我国宪法文本中并未涉及公民生命权,是不是公民的生命权就不是公民的基本权利? 就不受宪法保护了? 显然,任何现代立宪国家都不可能不保障公民生命权,未在宪法文本中明确宣示和确认的权利并不意味着就不受宪法保障。基本权利本身并不是一个一成不变的静态、封闭的体系,而是一个动态、开放的体系。有学者指出,"宪法权利是一种底线性的权利,而不是一种列举性的权利……就是说,宪法中对公民权利不作详细的规定,只概括地写出几条原则性的条文,而细节则留给法律或者判例按照当时社会情况再给以补充"。②

纵观世界范围内宪法制度较为成熟国家的宪法,对于公民基本权

---

① 胡锦光、韩大元:《中国宪法》,法律出版社 2004 年版,第 177 页。
② 周叶中:《公民基本权利保障》,《深圳大学学报(人文社会科学版)》2004 年第 1 期。

利的规定也仅列举部分权利,而通过对人权条款、基本权利条款本身以及非权利条款的逻辑推演、内涵解释引申出其他基本权利,使宪法中隐含的权利显现出来。此外,设置兜底权利条款对未列举权利加以保护亦是一种基本权利保护的路径。譬如,美国《宪法》第九修正案"本宪法对某些权利的列举,不得被解释为否定或忽视由人民保留的其他权利"。阿根廷《宪法》第三十三条规定:"本宪法所列举的宣言、权利和保障不得理解为否定其他未列入的但符合人民主权原则和共和国政体的其他权利和保障。"①这些兜底权利条款为其他权利进入基本权利行列预留了空间。

就我国立宪传统和宪法文本而言,引申未列举基本权利的路径主要包括三条:

第一,通过人权条款引申基本权利。我国《宪法》第三十三条规定,"国家尊重和保障人权。"2004年人权条款入宪对我国权利保护体系产生了重要影响。然而,由于人权条款进入宪法之后,我国宪法文本之中同时存在了人权和基本权利两个概念。王兆国在全国人大常委会会议上对中央修改宪法建议的说明中指出:"建议在'公民的基本权利和义务'中的第三十三条中增加一款'国家尊重和保障人权',便于把人权和公民基本权利联系起来,进一步加强对公民基本权利的保护。"②人权与基本权利两者之间相互关联,一方面,人权条款为基本权利的引申提供了宪法解释的价值基础和理论参考。有的国家直接援引国际人权公约来解释基本权利,譬如,西班牙《宪法》第十条第二款规定:"宪法所承认之和基本权利和自由有关的准则将根据西班牙所批准之世界人权宣言及内容类似的国际条约和协议进行解释。"③即运用人权的概念来解

---

① 孙谦、韩大元主编:《世界各国宪法(美洲大洋洲卷)》,中国检察出版社2012年版,第1页。

② 参见刘松山:《人权入宪的背景、方案与文本解读》,《华东政法大学学报》2014年第5期。

③ 萧榕主编:《世界著名法典选编·宪法卷》,中国民主法制出版社1997年版,第504页。

释基本权利。另一方面,我国已经加入多个人权国际公约,这些人权公约并不直接产生国内法上权利保护的法律效力,需要通过国内立宪、立法使之法定化、具体化和实证化,从而转化为一国宪法、法律所确认和保护的权利。因而,除了需要保留或作出解释性声明的事项外,对于我国加入的国际人权公约,我国负有立宪、立法的义务,这就为基本权利的引申提供了现实的权利基础。

第二,通过对具体基本权利的解释引申出其他基本权利。人类逻辑的基本原理告诉我们,内涵明确的越少则外延越广,反之,内涵越明确则外延越小。宪法作为国家的根本大法,规范的是一国政治、经济、社会发展中最为重要的问题,不可能对权利的具体内涵进行事无巨细的规定,宪法条文表述必须具有高度的概括性和抽象性,因而,这就造成了宪法文本篇幅的有限与权利内涵的庞杂之间的矛盾。譬如,宪法规定公民的人格尊严不受侵犯。然而,什么是人格尊严,人格尊严又体现为哪些具体的权利,在宪法文本中并未予以明确界定。同时,人类理性是有限的,宪法是对立宪当时社会状况的反映,它不会也不可能涵盖未来社会发展中出现的问题。宪法文本中的基本权利建立在立宪当时的权利理论与实践基础之上,随着社会的发展,文本中的基本权利内涵亦会发生诸多变化,然而,宪法文本却需维持相对稳定,由此,通过宪法解释来阐明基本权利,使之在不对宪法文本频繁变动的前提之下,确保基本权利体系能够得到丰富和发展,从而使宪法与社会发展之间保持一种适当的张力与贴合。

第三,通过宪法非权利条款引申出其他基本权利。宪法的基本功能是保护公民权利、限制国家权力,这一基本功能构筑了宪法中两个制度机制,即"权利保护机制"与"权力限制机制",[1]两者虽各有侧重,但

---

[1]　参见黎敏:《"宪法体系化"再思考——限权宪法原理下的限权原则体系与宪法价值秩序》,《政法论坛》2017年第2期。

却互为目的、紧密联系,不仅"权利保护机制"的目的在于保护公民基本权利,"权力限制机制"通过对国家权力的限制最终达成的目的也是保护公民基本权利,这两项制度机制殊途同归,落脚于公民基本权利的保护上,并贯通于宪法文本始终,作为宪法条文设计的基础和依据。因而,宪法中非权利条款虽然并未直接和明确涉及公民基本权利,但也蕴含着保障公民权利的价值导向和功能设定。有学者通过对宪法基本原则条款、宪法政策条款、宪法权力条款以及宪法义务条款的案例、机理和适用技术规范的研究提纯出权利保障的功能。①

对于未列举基本权利的引申较为经典的案例是美国联邦最高法院威廉·道格拉斯和阿瑟·戈德堡两位大法官在格雷斯沃案(Griswold v. Connecticut)中,论证了美国宪法第九修正案与婚姻隐私权之间的关联关系,从而使隐私权跃然而出。②而在 20 世纪 60 年代,美国联邦最高法院通过宪法解释和宪法判例相继"挖掘"出结社自由权、堕胎权、学术自由权、迁徙自由权等宪法基本权利。

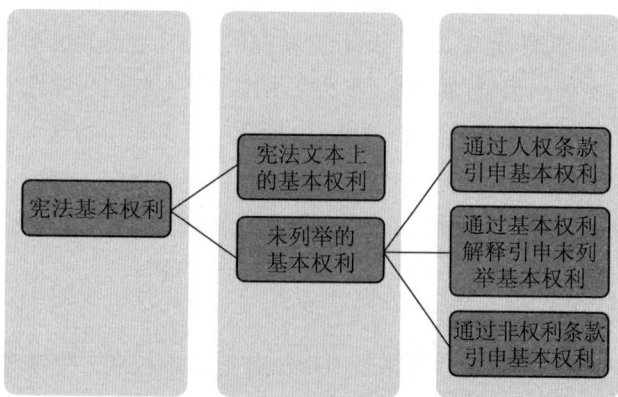

图 1-1　宪法基本权利构造路径

① 参见朱应平:《宪法中非权利条款人权保障功能研究》,法律出版社 2009 年版,第 1—4 页。
② 参见夏泽祥:《美国宪法第九修正案研究》,山东大学博士学位论文 2011 年。

在我国,有学者通过人格尊严的条款推导出"维护人的尊严的私生活权",根据政治权利推导出"实现参政基本条件的知情权"等。①此外,参照国际人权公约和他国宪法以及我国权利保障的实践,讨论较多的未列举基本权利有:生命权、担任公职权、环境权、发展权、迁徙自由等权利。

三、基本权利的分类:置于公民—国家语境下

我国宪法文本中对于基本权利的规范是较为零星和碎片化的,侧重针对具体的基本权利进行规范,缺乏对整个基本权利规范体系的统筹与整合,对于基本权利类型划分和规范体系的研究主要限于理论界的探讨。因此,有学者认为应当完善宪法权利规范体系,将"各种类别的宪法权利整合至体系的一般法则和各种宪法权利类别之间的逻辑联系,而不是通过各种个体权利的维度"。②基本权利的划分问题是沟通基本权利总论与分论的一个主要脉络,也是连接宪法上列举的基本权利与未列举的基本权利之间的逻辑线索。

考察他国的立宪实践,不乏在宪法中对基本权利进行体系化、类型化划分的先例。譬如 1961 年委内瑞拉《宪法》第三章关于公民权利的规范中区分了"个人权利、社会权利、经济权利和政治权利"四个权利类型。1991 年北马其顿《宪法》将个人自由和权利划分为"公民的和政治的自由和权利,经济、社会的和文化的权利"。1997 年波兰《宪法》第二章将权利、自由划分为"个人自由和权利,政治自由和权利,经济、社会和文化自由和权利"。③1982 年葡萄牙共和国《宪法》第二章权利、自由与保障中将公民权利与自由区分为"权利、自由与人身保障,经济、社会与文化方面的权利"。意大利共和国《宪法》第一编公民的权利和义务

① 参见徐显明:《"基本权利"析》,《中国法学》1991 年第 6 期。
② 刘茂林、杨贵生、秦小建:《中国宪法权利体系的完善——以国际人权公约为参照》,北京大学出版社 2013 年版,第 138 页。
③ 参见杨海坤主编:《宪法基本权利新论》,北京大学出版社 2004 年版,第 6—7 页。

中围绕"公民关系、伦理和社会关系、经济关系、政治关系"对基本权利进行划分,公民关系所涉及的主要是人身自由、住宅不受侵犯、通信自由、宗教信仰自由、结社、集会、言论、出版等自由以及获得审判及诉讼程序方面的权利;社会伦理关系指向的是婚姻、家庭、健康、医疗、教育等方面的权利;经济关系涵盖的是劳动、社会保障、组织工会、罢工、财产等方面的权利与自由;政治关系则包括选举、参与国家政治决策、担任公职等方面的权利和自由。

在理论层面的探讨上,由于理论基础的不同而形成了诸多基本权利划分的标准,而标准相互之间亦不同程度上存在着内涵的重复与交叠之处。传统宪法学理论"依据与国家权力关系之不同,将基本权利划分为自由权与社会权两大类"。①前者旨在保障公民免受国家权力的侵害,后者则需诉诸国家的积极行动得以保障和实现。有学者按照内容领域将基本权利划分为"平等权、政治权利、人身权利与人格尊严、精神自由、经济权利、社会权利、文化权利"。②有学者从基本权利的自身属性出发,将基本权利划分为三大类:"自我保存和肯定意义上的古典自然权利、自我表现意义上的公民政治权利及自我实现和发展意义上的社会经济权利。"③还有学者依据基本权利的地位进行划分,将基本权利划分为"绝对性权利和相对性权利",前者是"不可克减的权利,在任何情况下不可剥夺和限制",除此之外的基本权利则为相对性权利。④韩大元教授梳理国内宪法学界对基本权利划分的研究,有"十大分类法、五大分类法、四大分类法、八大分类法",而他提出了九大分类法,即将基本权利划分为"人的生命权与尊严、平等权、参政权、表达自由、人身自由、宗教信仰自由、文化教育权利、社会经济权利、监督权与请求权

---

①② 　秦奥蕾:《基本权利体系研究》,山东人民出版社 2009 年版,第 78 页。

③ 　郑贤君:《基本权利研究》,中国民主法制出版社 2007 年版,第 3 页。

④ 　莫纪宏:《宪法学》,社会科学文献出版社 2004 年版,第 280 页。

九个大类"。①

联合国教科文组织前法律顾问卡雷尔·瓦萨克于 20 世纪 70 年代末提出"三代人权理论",第一代人权指代自由时期的权利,"它是以公民的自由和政治参与为重心的根本性权利,如生命权、言论自由权等";第二代人权指代平等时期的权利,"它是以经济、社会、文化权利为重心的根本性权利,如劳动权、健康权、社会保障权";第三代人权是指代博爱时期的权利,"它同时也与第二次世界大战后开始的非殖民化民族解放运动相对应,指涉的是以'社会连带'、'社会团结'为特征的关系人类社会生存和发展的一系列集体权利"。②

本书关注的是权利限制边界问题,探讨的不仅仅是权利自身的单体内涵,而更多地需关注权利与其外在事物之间的动态关系,研究的是事物与事物之间的关系。在基本权利的保护与限制问题上,权利—权力是一对基本关系,也是研究权利分类标准的基本话语环境。正如有学者指出的,"社会法律生活最基本的矛盾是权利与权力的矛盾,两者既相互对立,又具有统一性,能够相互转化"。③"公民权利与国家权力的界分是社会整体利益的两个方面即个人利益与公共利益相区分的法

① 十大分类法(平等权,政治权利与自由,宗教信仰自由,人身自由,监督权,社会经济权,文化教育权利和自由,妇女的权利和自由,有关婚姻、家庭、老人、妇女和儿童的权利,华侨、归侨和侨眷的权利十个大类)、五大分类法(平等权、政治权利和自由、人身自由和信仰自由、社会经济文化权利、特定人的权利等五个大类)、四大分类法(参政权、人身自由和信仰自由、经济和教育文化、特定人的权利等四个大类)、八大分类法(人格权、平等权、精神自由、经济自由、人身自由、政治权利、社会权利、获得权利救济的权利八个大类)、九大分类法(人的生命权与尊严、平等权、参政权、表达自由、人身自由、宗教信仰自由、文化教育权利、社会经济权利、监督权与请求权九个大类)。参见韩大元:《中国宪法学上的基本权利体系》,《江汉大学学报(社会科学版)》2008 年第 1 期。

② 参见涂云新:《经济、社会、文化权利的宪法保障比较研究》,武汉大学博士学位论文2014 年。

③ 童之伟:《法权中心主义要点及其法学应用》,《东方法学》2011 年第 1 期。

律表现。"①因此,研究权力对权利限制应当建立在对权利、权力双向考察,以及两者之间动态关系研究的基础之上。对于权利限制问题的研究离不开对相应权力运作的考察与研究。

　　基于此,笔者认为本书对基本权利分类应当置于公民—国家的语境体系之下,依据公民之于国家,权利相对权力的关系进行划分。耶利内克把国家与个人的关系划分为四种类型:"服从国家的关系,公民相对于国家只有义务而无权利,消极地位对应的是个人的自由领域,积极地位相对应的是国家成员资格,主动地位相对应的是国家机关的承担者资格。"②耶利内克并进一步指出:"四种地位穷尽了个人在国家中的成员地位……这四种地位构成了一条上升的阶梯。首先,个人顺从地向国家履行义务而表现得毫无人格;其后,个人被赋予一个自主的、排除国家的领域;然后,国家本身承担了对个人的义务;最终,个人意志得以参与国家统治权的行使,个人甚至被承认为国家统治权力的承担者。"③耶利内克的理论影响颇为深远,当然,现代社会与耶利内克所处的时代已经发生了巨大的变化,公民权利的周界也并不仅仅只为国家所包围,社会对公民基本权利的产生和形成亦有重要影响。凯尔森在此基础上增加了社会权,从而将基本权利划分自由权、参政权、受益权和社会权。笔者较为赞同耶利内克及凯尔森的观点,有必要以人为中心辐射国家、社会两个维度划分基本权利类型,从而形成三个基本权利类型:第一类是自由权利,它是因人而生的权利,即作为人所应当享有的权利和自由,这些权利、自由排除国家干预也不依赖国家的积极作为,包括生命权、人格尊严、人身安全等。第二类是政治权利,即参与国

---

① 童之伟:《法权与宪政》,山东人民出版社 2001 年版,第 298 页。

② 参见[德]格奥格·耶利内克:《主观公法权利体系》,曾韬、赵天书译,中国政法大学出版社 2012 年版,第 74—171 页。

③ 参见[德]格奥格·耶利内克:《主观公法权利体系》,曾韬、赵天书译,中国政法大学出版社 2012 年版,第 79 页。

家政治生活而产生的权利,包括选举权、被选举权、担任公职的权利。这一类权利需要国家予以积极支持和保障。第三类是经济、社会、文化权利,包括工作权、社会保障权、文化生活等权利,对这一类权利国家有义务主动创造条件保障权利的享有和充分行使。

第三节　有前科公民被限制的基本权利

由于我国现行刑法中未规定前科,在具体的制度设计和实际运行中,前科往往被置换成"犯罪""犯罪记录""刑事处罚"等限制条件,零星规范于法律、行政法规、地方性法规、部门规章乃至其他规范性文件之中,由此搭建了对有前科公民权利限制的基本制度架构。

同时,在政府社会管理的实践中,除了由上述法律规范所构建的针对有前科公民权利限制的制度体系之外,还广泛存在着对有前科公民权利"超制度限制",即通过政府微观而具体的行政行为对有前科公民权利进行的限制,因此,对有前科公民基本权利限制的梳理就不能仅仅局限于制度设计之中,也需关注实践中引发热议的各类"奇葩"案例。

一、对有前科公民自由权利的限制

(一)对人身自由的限制

我国《宪法》第三十七条规定了人身自由不受侵犯,但并未对人身自由的内涵、外延加以界定。从条文的表述看,该条禁止非法拘禁及任何方式的非法剥夺或限制人身自由以及非法搜查身体,排斥的是非法地针对公民身体及行动的限制,因而,行动自由当为人身自由的应有之义。对此,有学者对人身自由进行了狭义与广义的区分,前者意指"人的身体活动自由",譬如逛街、散步等,后者则是指"具有特定目的并伴随有特定的物质和精神需求的身体活动,包括了居住自由、迁徙自由、出入境自由等"。①对有前科公民人身自由的限制从制度设计和实践案例看,主要体现在对迁徙自由的限制和对出入境的限制。

1. 对迁徙自由的限制

《青岛市积分落户办法实施细则》将适用对象限定为"在本市市区有合法固定住所,持本市有效的《山东省居住证》满1年,在本市就业或创业并按规定缴纳社会保险满1年,无犯罪记录的人员"。②将有犯罪前科的人员排除在本地落户人群之外,对于有前科公民而言,则意味着无法通过积分落户的方式在当地居住,是对其居住权予以的限制。而北京积分落户政策中则规定,申请积分落户的人员必须无刑事犯罪记录。③上海的积分落户政策中将前科区分为两类,一类是减分项,即"持证人(居住证)5年内有一般刑事犯罪记录的,每条扣减150分";另一类是一票否决指标,即"持证人有严重刑事犯罪记录的,取消申请积分资格"。④

无独有偶,2007年,网易新闻中心刊发了《温州驱赶"有前科暂住者"事件》的新闻,报道了温州警方在对外来人口动态管理系统中建立了前科比对结果名单,在这份名单上的人,或被劝离或被驱赶离开了温州。在记者的调查中,鹿城区仰义乡派出所辖区内近百名"有前科暂住者",除部分人员有担保或者在注销暂住证后依然留住外,结果显示,近七成人已经离开。⑤当地政府将外来人口划分为无前科和有前科两类,通过劝离、当众披露前科信息等各种强制或者非强制、显性或隐性、行政和民间的手段,使有前科者搬离,而对未搬离的有前科公民则采取相

---

① 汪进元:《人身自由的构成与限制》,《华东政法大学学报》2011年第2期。

② 参见《关于印发〈青岛市积分落户办法〉实施细则的通知》,青人社规[2018]10号。

③ 参见《北京市积分落户管理办法(试行)》(京政办发[2016]39号)第四条。

④ 参见《上海市居住证积分管理办法》(沪府发[2017]98号)第八条、第九条。

⑤ 《温州驱赶"有前科暂住者"事件》,载网易新闻中心 http://news.163.com/07/0605/08/3G7953BH00011SM9.html。

应的管控措施,最终达成"有前科者请离开"的期待。

我国宪法中未规定迁徙自由,从理论上讲,"迁徙自由应指人民概括的享有自由行动之权,可以在国内自由行动。这种行动不问其目的与动机为何,因此选择居住地之行动自由便可称为'迁居自由',或称狭义的迁徙自由"。①上述的做法限制了有前科公民的居住或落户,是对迁徙自由的限制。

2. 对出入境自由的限制

《出境入境管理法》第十二条规定,因妨害国(边)境管理受到刑事处罚,未满不准出境规定年限的中国公民不准出境。《护照法》第十四条规定,因妨害国(边)境管理受到刑事处罚的人员,护照签发机构自其刑罚执行完毕之日起六个月至三年以内不予签发护照。对于有特定犯罪前科的公民,在一定的期限内限制其出境是对公民出入境自由的限制。

(二) 对人格尊严的限制

2012 年,一篇题为《有前科青年追凶血洒数公里　领导称事迹不突出》的帖子在网上引起了热议,江西省贵溪市一青年潘某某勇斗持刀歹徒身负重伤后申报见义勇为荣誉称号,却因为此前有犯罪前科而被当地相关部门拒绝。工作人员表示,因为潘某某有案底,所以不太好申报。此事引发网民质疑。②

《民法典》第一千零三十一条规定,民事主体享有荣誉权。我国宪法中虽然没有对荣誉权的明确规定,但是,从权利的内涵和脉络上看,荣誉权是由宪法人格尊严条款所引申的一项未列举宪法基本权利。我国法律尚未对见义勇为行为表彰和奖励予以统一规范,但在部分地方性法规中,有对见义勇为人员授予"见义勇为"荣誉称号的做法。譬如

---

① 陈新民:《宪法导论》,新学林出版股份有限公司 2008 年版,第 95 页。
② 《有前科就不能见义勇为?》,载 http://news.huxi.cc/NewsShow-28569.html。

《江苏省奖励和保护见义勇为人员条例》第二条规定了见义勇为的具体情形,第十四条规定了对见义勇为人员的五种奖励方式。①见义勇为荣誉称号是政府对有见义勇为行为的公民授予的一种特定荣誉,体现了对公民相关行为的积极肯定和正面评价,是公民的一项荣誉权。对有见义勇为行为、应当授予见义勇为荣誉称号的公民以有前科为由拒绝授予该称号,是对公民荣誉权的限制。

(三) 对隐私权的限制

我国宪法文本上未明确列举隐私权,隐私权是一项未列举的公民基本权利,这一权利可以从《宪法》第三十七条人身自由不受侵犯,禁止非法搜查公民身体,第三十八条人格尊严不受侵犯,第三十九条住宅不受侵犯,第四十条通信自由等相关条款引申出来。《民法典》第一千零三十二条规定了隐私权,并将其界定为自然人的私人生活安宁和不愿为他人知晓的私密空间、私密活动、私人信息。

《刑法》第一百条规定,依法受过刑事处罚的人,在入伍、就业的时候,应当如实向有关单位报告自己曾受过刑事处罚,不得隐瞒。该条规定为有前科公民增加了前科报告的义务,使其前科这一私人信息在特定情形下必须强制披露。但是出于对未成年人的特别保护,《刑法修正案(八)》对《刑法》第一百条进行了修改,增加一款作为第二款,"犯罪的时候不满十八周岁被判处五年有期徒刑以下刑罚的人,免除前款规定的报告义务"。《刑法》及《刑法修正案(八)》区别成年人和特定未成年人构建了一套前科报告制度。基于上述的制度设计,对于有前科的成

①　《江苏省奖励和保护见义勇为人员条例》第二条规定,本省行政区域内见义勇为人员的奖励和保护,适用本条例。本条例所称见义勇为人员,是指在法定职责、法定义务或者约定义务之外,为保护国家利益、集体利益、社会公共利益或者他人的人身、财产安全,挺身而出,同违法犯罪行为作斗争或者抢险、救灾、救人等见义勇为中表现突出的行为人。第十四条规定,根据见义勇为人员的事迹和贡献,对见义勇为人员应当给予下列单项或者多项奖励:(一)授予见义勇为称号;(二)嘉奖;(三)记功;(四)颁发奖金;(五)其他奖励。

年公民以及不满十八周岁被判处五年有期徒刑以上刑罚的未成年人而言，在入伍、就业时其前科信息不再属于个人隐私信息，脱离于隐私权私人信息的保护范畴，法律为其课加了强制报告的义务。

二、对有前科公民政治权利的限制

我国《宪法》第三十四条规定了公民有选举权和被选举权，但同时又以"依照法律被剥夺政治权利的人除外"作为限定。纵观宪法文本，并未对政治权利予以明确界定和列举。对此，有学者指出，"政治权利是一个内涵很不确定的概念。宪法文本中的公民政治权利应当仅限于公民的选举权和被选举权，宪法不适宜、也难以一一列举公民的政治权利"。[①]作为对应与参照，《刑法》第五十四条剥夺政治权利的范围包括了选举权和被选举权；言论、出版、集会、结社、游行、示威自由的权利；担任国家机关职务的权利；担任国有公司、企业、事业单位和人民团体领导职务的权利四个种类。对于有前科公民政治权利的限制主要包括了限制担任国家机关职务的权利和限制担任国有公司、企业、事业单位和人民团体领导职务的权利两种情形。

（一）限制担任公职的权利

《宪法》中规定的国家机构从横向和纵向来看，包括了全国人民代表大会、中华人民共和国主席、国务院、中央军事委员会、地方各级人民代表大会和地方各级人民政府、民族自治地方的自治机关、人民法院和人民检察院。剥夺担任国家机关职务的权利，应当是指剥夺在上述国家机关任职的权利。

《公务员法》第二十六条规定，"曾因犯罪受过刑事处罚的人员不得录用为公务员"。除此之外，《警察法》《法官法》《检察官法》都有相同的规定。

---

① 刘松山：《宪法文本中的公民"政治权利"——兼论刑法中的"剥夺政治"权利》，《华东政法大学学报》2006 年第 2 期。

（二）限制担任国有公司、企业、事业单位和人民团体领导职务的权利

《企业国有资产法》中对于国家出资企业管理者的任命或建议任命的条件设定上没有明确涉及前科问题，但是除了列举品行、专业知识能力和身体条件外，又概括性规定法律、行政法规规定的其他条件。同时对于不符合《公司法》规定的担任公司董事、监事、高级管理人员情形的，予以免职或者提出免职建议。《公司法》第一百四十六条规定，因贪污、贿赂、侵占财产、挪用财产或者破坏社会主义市场经济秩序，被判处刑罚，执行期满未逾五年，或者因犯罪被剥夺政治权利，执行期满未逾五年的人员不得担任公司的董事、监事、高级管理人员。亦即对有上述五种犯罪前科的人来说，刑罚执行期满五年之内限制担任国有公司、企业的领导职务。当然，《公司法》的这一规定，不仅适用于国有公司、企业，实践中更是普遍适用于所有的公司类型，对其他类型公司的任职问题归入下文就业权的范畴进行探讨。

三、对有前科公民经济社会文化权利的限制

（一）对就业权的限制

《宪法》第四十二条规定，公民有劳动的权利和义务。针对有前科公民劳动就业权利的限制十分广泛。担任公职从权利性质上是参与国家政治生活的一种路径，担任公职权利应归于政治权利体系之中，但对于权利主体而言，公职本身也是一种职业，必然与就业权之间存在交叉和重叠之处。前文中将限制担任公职的权利作为公民政治权利的范畴已单独论述，不将担任公职权利归入就业权体系中进行分析，但基于一个社会职业分类的完整性，探讨对有前科公民就业权的限制问题时亦需考察有关法律规定，以全面检视整体的制度设计。

2015 年 8 月 29 日通过的《刑法修正案（九）》对《刑法》第三十七条进行了修正，规定"因利用职业便利实施犯罪，或者实施违背职业要求的特定义务的犯罪被判处刑罚的，人民法院可以根据犯罪情况和预防再犯罪的需要，禁止其刑罚执行完毕之日或者假释之日起从事相关职

业,期限为三年至五年"。设立了从业禁止制度。除《刑法》之外,相当数量的法律规范对有前科公民的就业权进行了限制。笔者以"犯罪""犯罪记录""刑事处罚""前科"为关键词在全国人大法律法规检索系统中进行检索,结果显示,对有前科公民进行就业限制的法律有 26 部,行政法规 23 部,数以百计的部门规章、地方性法规、部门规章、地方政府规章及其他规范性文件规定了各类前科就业限制。

剖析我国前科就业限制的法律体系,在限制的条件设定、限制的方式、限制的职业分布上具有显著的干预主义特点,对有前科公民的就业权利进行较为严格的全程、全方位的干预与管控。

在限制条件的设定上,门类繁多,主要存在以下九种模式:第一,"犯罪 + 刑事处罚"模式,如《警察法》第二十六条规定,"曾因犯罪受过刑事处罚的,不得担任人民警察"。第二,"故意犯罪 + 刑事处罚"模式,如《拍卖法》第十五条规定,"因故意犯罪受过刑事处罚的人员不得担任拍卖师"。第三,"故意犯罪 + 刑事处罚 + 特定期限"模式,如《慈善法》第十六条规定,"因故意犯罪被判处刑罚,自刑罚执行完毕之日起未逾五年的,不得担任慈善组织的负责人"。第四,"故意犯罪 + 特定过失犯罪"模式,如《资产评估法》第十一条规定,"因故意犯罪或者在从事评估、财务、会计、审计活动中因过失犯罪而受刑事处罚,自刑罚执行完毕之日起不满五年的人员,不得从事评估业务"。第五,"刑事处罚 + 排除过失犯罪"模式,如国务院《导游人员管理条例》第五条规定,"受过刑事处罚的,过失犯罪的除外,不得颁发导游证"。第六,"刑事处罚 + 特定期限"模式,如《注册会计师法》第十条规定,"因受刑事处罚,自刑罚执行完毕之日起至申请注册之日止不满五年的,注册会计师协会不予注册"。第七,"特定罪名"模式,国务院《易制毒化学品管理条例》第七条要求"企业法定代表人和技术、管理人员无毒品犯罪记录"。第八,"故意犯罪 + 职务过失犯罪 + 刑事处罚"模式,如《公证法》第二十条规定,"因故意犯罪或者职务过失犯罪受过刑事处罚的,不得担任公证员"。第九,"犯罪＋特定刑罚"，如国务院《娱乐场所管理条例》第五条规定，"因犯罪曾被剥夺政治权利的人员不得开办娱乐场所或者在娱乐场所内从业"。

在限制方式上，兼有事先预防性限制与事后管控性限制。主要存在三种方式：第一，事先的行业准入限制，即预设就业条件时将是否有前科作为行业准入的条件之一，只要具备法律规定的禁止性条件，该公民即不得在该行业内就业，对限制对象而言，根本丧失就业资格。譬如，《公务员法》将不得有犯罪前科作为公务员录用的基本资格条件，因而将有前科公民事先拦截在行业门槛之外，这部分人员自始即无权在公务员行业中就业。第二，事后的行业剔除限制，即对于本已在该行业就业的人员，出现前科就业限制的情形时，将其剔除行业领域，取消其在该行业就业的资格，限制其就业机会。如《预备役军官法》规定，"预备役军官犯罪被剥夺政治权利或者被判处三年以上有期徒刑的，应当剥夺其预备役军官官衔"。第三，既设定事先的行业准入限制又规定事后的行业剔除限制，如根据《教师法》规定，对于有特定犯罪前科的人员，不仅在事先行业准入之时不能取得教师资格，而且对于已经取得教师资格的人员，也须丧失教师资格。

在限制领域上，职业分布十分广泛。人力资源和社会保障部制定的职业分类目录，将全社会就业人员所从事的各类职业划分为八大类，八大类职业中均存在不同种类的前科就业限制。第一大类是国家机关、党群组织、企业、事业单位负责人，譬如《公务员法》《法官法》《检察官法》等一系列涉及公职人员和公共行业管理的法律设定了前科就业限制。第二大类是专业技术人员。譬如《注册会计师法》《律师法》《公司法》等法律法规对注册会计师、律师及公司高级管理人员职业设定了前科就业限制。第三大类是办事人员和有关人员，①譬如《保安服务管

① 根据人力资源和社会保障部职业分类目录中的细化分类，该大类职业包括行政办公人员、安全保卫和消防人员、邮电和电信业务人员、其他办事人员和有关人员。

理条例》规定,有故意犯罪被刑事处罚前科的人员不能担任保安员。第四大类是商业、服务业人员,譬如《导游人员管理条例》对导游从业人员设立了前科就业限制。第五大类是农、林、牧、渔业生产及辅助人员,譬如《辽宁省兽医管理条例》规定,受刑事处罚的人员注销注册,废止兽医职业证书。第六大类是生产、运输设备操作人员及有关人员,譬如《校车安全管理条例》规定,校车驾驶人员不得有犯罪记录。第七大类是军人,如《预备役军官法》规定,预备役军官犯罪被判处相应刑罚的,剥夺其军衔。第八大类是不便分类的其他从业人员。

(二) 对社会保障权的限制

对于有前科公民社会保障问题,立法上并未予以明确限制。但是,有前科公民所享受到的社会保障的标准有所降低,从而导致社会保障权在实现程度上大打折扣。《海南省城镇从业人员基本养老保险条例实施细则》第二十三条规定,已享受基本养老保险待遇的离退休人员服刑期间不发放基本养老金,不参加基本养老金调整;被刑满释放后,基本养老保险待遇按照服刑前的标准支付。基本养老金标准是逐年提高的,对于刑期较长的人员来说,不参加基本养老金调整即意味着其所享受到的养老保险待遇事实上已大幅度降低。①

社会优抚是社会保障权的一种特殊类型,是国家依据有关法律、法规给予优抚对象物质和精神抚慰的一种特殊的社会保障制度,是特定人群社会保障权的组成部分。《人民警察抚恤优待办法》第三十九条规定,本办法规定的抚恤优待对象被判处死刑、无期徒刑的,取消其抚恤优待资格。《军人抚恤优待条例》第五十条规定,抚恤优待对象被判处死刑、无期徒刑的,取消其抚恤优待资格。山东、福建、江西等地的地方性法规都有相类似的规定。对于犯罪的优抚对象中止甚至取消抚恤优

---

① 参见《海南省城镇从业人员基本养老保险条例实施细则》,海南省人民政府令第276号。

待资格是对有前科公民社会保障权的一种限制。

四、对有前科公民多项基本权利的综合限制

除了对有前科公民单项基本权利进行限制外,实践中我们亦不乏对多项基本权利进行综合性限制的案例。譬如,2010 年 10 月 9 日《京华时报》的一篇报道称,一位网友兰州发帖求助,自称是刑满释放人员,每次到网吧上网,刷身份证后,警察都会适时赶到对他进行盘查。警察告诉他只要他用身份证上网警方就会接到报警。兰州当地警方证实,有"犯罪记录"的人上网必定每次被盘查,且没有取消期限。①

大数据信息技术的发展使得数据的收集、使用更为便捷和高效。目前使用的第二代居民身份证中承载着公民相关的个人信息,亦包含了公民犯罪前科信息。第二代居民身份证内置非接触式芯片,便于近距离读取卡内信息,信息和人的快速链接和准确定位极大提高政府社会管理的效率。这个案例中公安机关基于对前科信息的利用而对有关人员进行多次重复盘查,涉及对有前科公民的平等权、隐私权、人格尊严等权利的限制。

五、对有前科公民基本权利限制的延展:前科株连限制

2008 年《民主与法制时报》刊发了一篇题为《公务员考试第一名难过政审关,只因其舅犯法》的新闻报道在社会上引起热烈的讨论。在浙江省文成县公务员考试中,兰某某报考的警察(计算机)职位综合成绩第一名。但因其舅舅正在缓刑期间,导致兰某某未能通过政审被取消公务员录取资格。各种努力失败后,兰某某状告文成县人事局,一审二审均败诉。②一个值得关注的现象是,浙江、广东等地出台相关规定,要

---

① 《刑释人员称实名上网必被查　一日行窃终身是贼?》,《京华时报》2010 年 10 月 9 日。

② 参见孔令泉:《公务员考试第一名难过政审关　只因其舅犯法》,载 http://news.qq.com/a/20080428/002209.htm。

求外来务工人员子女入读公办学校,家长需提供无犯罪证明等有关材料。①诸如此类的案例揭示了一种权利限制现象——前科株连。

所谓"株连",即家族中一人犯罪,一定亲缘关系的亲属一并受罚的刑罚制度,从最早的"殄之无遗育"的关于株连的早期记载,到先秦时期以族刑为代表的株连制度,《史记·秦本纪》记载:"文公二十年(公元前746年),法初有三族之诛",②及至唐以后的"缘坐",株连制度在我国数千年的封建法制之中占有重要的地位。李悝《法经》中记载,"越城者,一人则诛;自十人以上则夷其乡及族"。③这就意味着一人犯罪祸及乡族。《唐律贼盗律》规定,诸谋反及大逆者,皆斩;父子年十六以上皆绞,十五以下及母女、妻妾、子妻妾亦同。祖孙、兄弟、姊妹若部曲、资产、田宅一并没官。④古代的族刑制度于清末业已废除,现代刑法强调的是罪责自负,人们只对自己的行为承担法律上的责任,无需为他人的行为负责。但是,株连制度以另一种形式留存下来形成了一系列"前科株连"制度。基于前科产生的权利限制不仅仅指向有前科公民本人,在特定情况下其近亲属和其他家庭成员亦受到规范性的株连评价,进而导致其周边人群的特定权利遭到限制、特定资格遭到剥夺。因此,前科不仅仅是一个人的不幸,更可能造成一个家庭甚至一个家族的不幸。

公安部、总参谋部、总政治部颁发的《征兵政治审查工作规定》(〔2004〕政联字第13号)第九条规定,对政治条件有特别要求的单位征集的新兵,家庭主要成员、直接抚养人、主要社会关系成员或者对本人影响较大的其他亲属被刑事处罚或者开除党籍、开除公职的,不得征

① 参见《宁波外来工子女入学障碍重重　需持家长无犯罪证明》,载 http://unn.people.com.cn/GB/14748/9497503.html,《孩子入学需家长出具无犯罪记录证明》,载 http://news.hangzhou.com.cn/shxw/content/2017-06/21/content_6583388.htm。
② 杨知勇:《家族主义与中国文化》,云南大学出版社2000年版,第201页。
③ 乔伟:《中国法律制度史(上册)》,吉林人民出版社1982年版,第62页。
④ 钱大群:《唐律疏议新注》,南京师范大学出版社2007年版,第551页。

集。2016 年 7 月 25 日发布的《浙江省公安机关人民警察录用考察工作暂行办法》第十一条规定,家庭成员和主要社会关系成员中有曾被判处死刑或因危害国家安全罪被判刑,或者因故意犯罪被判处有期徒刑以上刑罚正在监所服刑、监外执行(含保外就医)的考察对象不宜录用为人民警察。《2017 年度海军招收飞行学员简章》中明确规定了家庭政治条件:家庭成员及关系密切的亲属,拥护党的路线、方针、政策,历史清楚,无重大问题。《国家教育委员会普通中等专业学校招生暂行规定》第八条第二款规定,考生的直系亲属(指父母或抚养者)或主要社会关系(指与考生在政治思想、经济上有直接联系者)有重大问题的,应附调查证明材料。亦即普通中等专业学校的招生不仅要审查学生本人,还要审查其父母的犯罪情况。

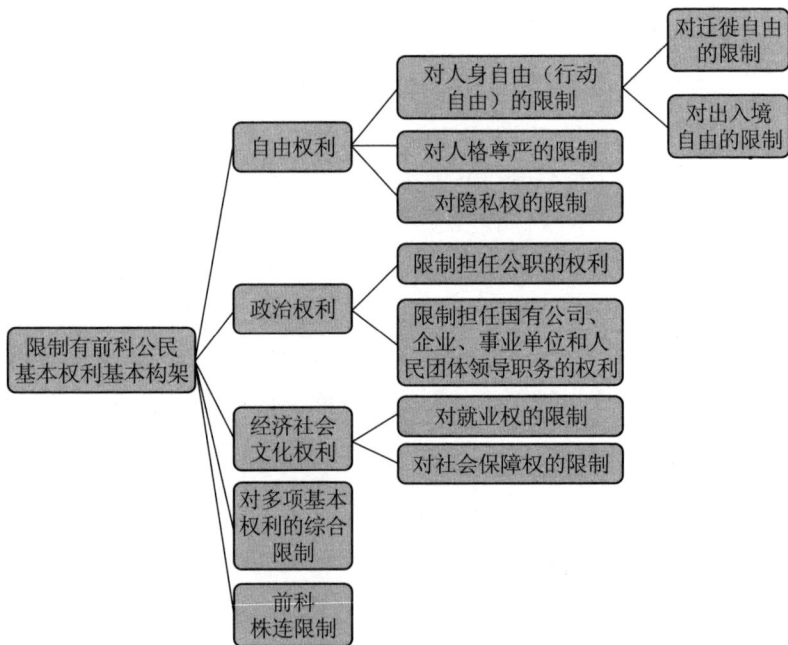

图 1-2　限制有前科公民基本权利基本架构

　　前科株连将权利限制的范围扩大至有前科人员以外的人员,涵盖的人群范围也较为广泛,受株连的范围不仅仅局限于近亲属这一范围,而将直接抚养人、主要社会关系成员或者对本人影响较大的其他亲属等在血缘上、情感上、经济上联系紧密的人员几乎都囊括其中。

第二章 限制有前科公民基本
权利制度及问题分析

第一节 限制有前科公民基本权利的
实证分析

在法律面前,每个公民都应受到平等对待,其权利也应受到法律的珍视与尊重。有前科公民作为一个特殊社会群体,基于其行为的社会危害性以及由此反映的人身危险性,在犯罪的打击和预防方面会受到更多的规范和非规范性责难,这种责难进一步延续到回归社会的过程中,受到的来自工作、生活上的阻碍和偏见也更多。笔者对部分有前科公民开展问卷调查,从定性、定量两个维度进行实证分析,以期从一个侧面更加直观、客观地反映有前科公民基本权利限制的制度设计和实践操作。

一、调查样本的基本情况

(一)问卷设计及研究过程

本调查选取了上海、江苏两地三所综合性监

狱,调查对象既有男性罪犯,又有女性罪犯。根据研究目的,用随机抽样的方式,选取一定数量的样本的服刑人员参与调查。从样本构成上来看,均为有二次及以上犯罪经历的服刑人员。下发问卷332份,回收问卷331份,有效问卷回收率为99.7％。问卷结构上分为单选、多选和开放式访谈提纲,问卷内容上覆盖调查对象的基本情况、犯罪情况、生存状态、权益限制情况以及自我评价、自我感受的主观描述。所有统计分析均应用 IBM SPSS Statistics 20.0 软件进行数据处理。

（二）调查对象基本情况

从犯罪人群的构成上来看,男性罪犯的数量远远大于女性罪犯的数量,选取综合性的监狱开展调查,避免了单一类别监狱的调研样本的局限性。从样本的性别构成来看,参与调查的人员中,男性为313名,占比94.6％;女性为18名,占比5.4％。男性女性能够分别从各自角度反映其权利受限的现状。

表 2-1　罪犯样本的性别分布

性　别	人　数	有效百分比(％)	累积百分比(％)
男	313	94.6	94.6
女	18	5.4	100.0
合　计	331	100.0	100.0

样本年龄构成较为全面,涵盖了各个年龄段的人群。其中,20岁以下有1人,占比0.3％,21—30岁有79人,占比23.9％,31—40岁有116人,占比35％,41—50岁有73人,占比22.1％,51—60岁有51人,占比15.4％,61岁以上有10人,占比0.3％。

从表2-2中,可以看到,样本中有前科人员多集中在21—50岁这个年龄段中间,其中31—40岁的人数居多。年龄段不同,对权利的需求不同、权利受益的范围不同、权利受限的内容更是不同。这也有利于我们进一步考察分析,不同年龄段的权利受限程度及权利需求范围,有助于我们更有针对性、区别性地研究前科权益限制问题。

表 2-2　罪犯样本的年龄分布

年　龄	人　数	有效百分比(%)	累积百分比(%)
20 岁以下	1	0.3	0.3
21—30 岁	79	23.9	24.2
31—40 岁	116	35.0	59.2
41—50 岁	73	22.1	81.3
51—60 岁	51	15.4	96.7
61 岁以上	10	3.0	99.7
未作答	1	0.3	100.0
合　计	331	100.0	100.0

　　样本的文化程度也有一定跨度。其中,小学及以下学历有 141 人,占比 42.6%,初中学历有 137 人,占比 41.4%,高中或中专学历有 38 人,占比 11.5%,大专学历有 10 人,占比 3%,本科及以上学历有 5 人,占比 1.5%。

　　从表 2-3 中可以看到,调查样本中,文化程度集中在"小学及以下""初中"这两个阶段,"本科及以上"学历的少之又少。可以看到,有前科公民在对权利限制认识和感受方面,在一定程度上,受文化程度的影响与制约,文化程度较高的人员,对权利限制的感受可能更加明显,且学历相对较低的人员,在就业市场上本身处于弱势,加上其有前科记录,享受相关权利的空间可能也较为有限。

表 2-3　罪犯样本的文化程度分布

文化程度	人　数	有效百分比(%)	累积百分比(%)
小学及以下	141	42.6	42.6
初　　中	137	41.4	84.0
高中或中专	38	11.5	95.5
大　　专	10	3.0	98.5
本科及以上	5	1.5	100.0
合　　计	331	100.0	100.0

从婚姻状况来看,调查样本中,未婚有 140 人,占比 42.3％;已婚有 105 人,占比 31.7％;离异有 74 人,占比 22.4％;再婚有 10 人,占比 3％;丧偶有 1 人,占比 0.3％;未作答 1 人,占比 0.3％。

从表 2-4 中,可以看到,调查样本多集中在"未婚"和"已婚"这两种状况,共占了调查样本的 74％。

表 2-4　罪犯样本的婚姻状况分布

婚姻状况	人　数	有效百分比(％)	累积百分比(％)
未　婚	140	42.3	42.3
已　婚	105	31.7	74
离　异	74	22.4	96.4
再　婚	10	3.0	99.4
丧　偶	1	0.3	99.7
未作答	1	0.3	100.0
合　计	331	100.0	100.0

从子女情况来看,调查样本中,没有子女的有 153 人,占比 46.2％;有子女的有 176 人,占比 53.1％,未作答 2 人。有子女的人数和比例相对较多。与"没有子女"的人员相比,有子女的有前科人员,在子女的生活照顾、就学、就业及隐私保护上,需要更多的权利支持。

表 2-5　罪犯样本的子女情况分布

子女情况	人　数	有效百分比(％)	累积百分比(％)
没有孩子	153	46.2	46.2
1 个孩子	101	30.5	76.7
2 个及 2 个以上	75	22.7	99.4
未作答	2	0.6	100.0
合　计	331	100.0	100.0

二、出狱后的生存状况

出狱后的生存状况,在一定程度上反映了有前科人员的回归社会情况和权利保障情况。本部分的调查集中于描述、展示有前科人员上次出狱后的各方面状况。

(一) 因犯罪导致的就业限制情况

被调查人员中,有 51 人曾因犯罪被用人单位开除,占比 15.4%,可以看到,有前科人员,因其过往犯罪历史,而被用人单位解雇,失去了就业的机会。虽然,这一比率仅为 15.4%,但考虑到相当数量的有前科人员处于无业、半失业状态或从事个体经营,因而综合考量存在雇佣关系的群体,解雇率还是比较高的。

表 2-6 罪犯样本的被开除情况分布

被用人单位开除情况	人　数	有效百分比(%)	累积百分比(%)
没　有	275	83.1	83.1
有	51	15.4	98.5
未作答	5	1.5	100.0
合　计	331	100.0	100.0

在"专业资格证书被吊销情况"的调查中,有 10 人因犯罪被吊销专业资格证书,占比 3%。被调查人员本身在文化层次、专业技术上都较为低弱,进入较高层次职业就业的机会比较少,在回归社会过程中,由于前科更进一步减少其获取较高层次职业的空间和可能性。

表 2-7 罪犯样本的专业资格吊销情况分布

专业资格证书被吊销情况	人　数	有效百分比(%)	累积百分比(%)
没　有	303	91.5	91.5
有	10	3.0	94.5
未作答	18	5.5	100.0
合　计	331	100.0	100.0

（二）出狱后的社会适应状况及困难问题

"社会适应"一词最早由赫伯特·斯宾塞提出，是指"人与社会的互动过程中，个体使自己的行为符合社会预期，或改变环境使自己获得更好发展的程度"。①这部分的调查集中于分析有前科人员"上次出狱后的社会适应状态"及其所遇到的困难问题。

在出狱后的社会适应问题上，113 人认为自己完全可以适应社会生活，占比 34.1％；认为基本可以适应的有 135 人，占比 40.8％；认为有些方面难以适应社会生活的有 66 人，占比 19.9％；认为完全不可以适应社会生活的有 14 人，占比 4.2％；未作答 3 人，占比 0.9％。

表 2-8　罪犯样本是否适应社会情况分布

能否适应社会	人　数	有效百分比（％）	累积百分比（％）
完全可以	113	34.1	34.1
基本可以	135	40.8	74.9
有些方面不可以	66	19.9	94.8
完全不可以	14	4.2	99
未作答	3	0.9	99.9
合　计	331	100.0	100.0

在刑满释放回归社会后面临的困难问题调查中，147 人认为基本生活保障存在困难，占比 44.4％；178 人认为再就业存在困难，占比 53.8％；39 人认为家人的嫌弃是社会回归之路上的困难，占比 11.8％；92 人认为社会回归的困难在于社会的歧视和排斥，占比 27.8％；有 14 人选择其他，占比 4.2％，其他的范围指向主要包括前途渺茫、心理绝望等。

---

① 吴汉荣主编：《医学心理学》，华中科技大学出版社 2003 年版，第 92 页。

（人）

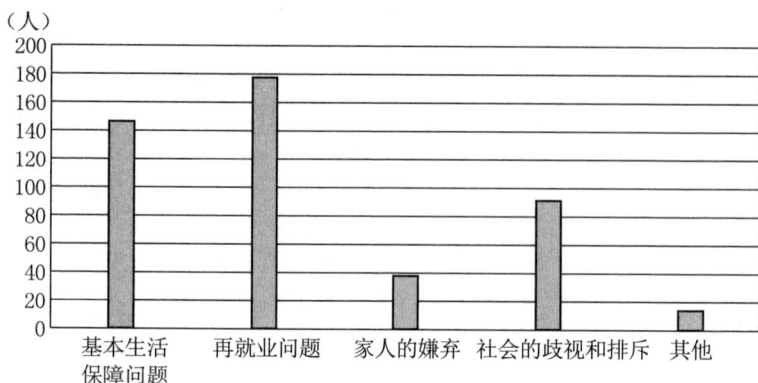

图 2-1　刑满释放后遇到的困难情况分布

　　可以看到,有前科人员回归社会的困难,主要集中在"基本生活保障"和"再就业"方面,"社会的歧视"也占一定的比例。

　　（三）再次就业状态

　　从就业的行业分布看,调查样本的行业分布相对较广。城乡无业、失业、半失业者为 189 人,占比 57.1％;农业劳动者 43 人,占比 13％;产业工人 18 人,占比 5.4％;商业服务业员工 22 人,占比 6.6％;个体工商户 28 人,占比 8.4％;办事人员 2 人,占比 0.6％;专业技术人员 10 人,占比 3％;私营企业主 10 人,占比 3％;经理人员 5 人,占比 1.5％;国家与社会管理者 1 人,占比 0.3％;未作答 3 人。可以看到"城乡无业、失业、半失业者"占一半以上,这与前面我们调查得出的"文化程度"状况几近吻合。

　　从工作岗位获取的过程来看,回原单位工作的有 7 人,占比 2.1％;政府安置工作的有 8 人,占比 2.4％;个体经营的有 85 人,占比 25.7％;多方努力也找不到工作的有 108 人,占比 32.6％;从未找到工作的有 94 人,占比 28.4％;其他 13 人,占比 3.9％;未作答 16 人。多方努力找不到工作及从未找过工作两项相加,出狱后找不到工作的共计 202 人,占

表 2-9　罪犯样本入狱前工作情况分布

入狱前的工作	人　数	有效百分比(%)	累积百分比(%)
城乡无业、失业、半失业者	189	57.1	57.1
农业劳动者	43	13.0	70.1
产业工人	18	5.4	75.5
商业服务业员工	22	6.6	82.2
个体工商户	28	8.5	90.6
办事人员	2	0.6	91.2
专业技术人员	10	3.0	94.3
私营企业主	10	3.0	97.3
经理人员	5	1.5	98.8
国家与社会管理者	1	0.3	99.1
未作答	3	0.9	100.0
合　计	331	100.0	100.0

比 61％。找不到工作的占大多数,这在一定程度上反映了有前科人员就业权利的受限状况。

表 2-10　罪犯出狱后工作情况分布

出狱后工作情况	人　数	有效百分比(%)	累积百分比(%)
回原单位工作	7	2.1	2.1
政府安置的工作	8	2.4	4.5
个体经营	85	25.7	30.2
多方努力也找不到工作①	108	32.7	62.9
从未找过工作	94	28.4	91.3
其　他	13	3.9	95.2
未作答	16	4.8	100.0
合　计	331	100.0	100.0

---

①　多方努力也找不到工作选项反映的是客观就业困难,其中,有部分调查对象最终通过不同形式实现了就业。从未找过工作选项反映的是主观不愿就业,调查对象从主观上即不愿找工作、就业。

从工作获取的方式来看,家人委托亲戚朋友帮助的有 50 人,占比 15.1%;自己委托亲戚朋友帮助的有 42 人,占比 12.7%;自己到人才市场应聘的有 31 人,占比 9.4%;自己在网上投递简历应聘的有 18 人,占比 5.4%;通过社工帮助获取工作的有 4 人,占比 1.2%;通过其他途径找到工作的有 22 人,占比 6.6%;没有工作的有 164 人,占比 49.5%。可以看出其就业获得渠道较窄、获得途径较少。

表 2-11　罪犯出狱后工作获得方式情况分布

出狱后工作是如何获得的?	人　数	有效百分比(%)	累积百分比(%)
家人委托亲戚朋友帮助	50	15.1	15.1
自己委托亲戚朋友帮助	42	12.7	37.8
自己到人才市场应聘	31	9.4	47.2
自己在网上投递简历应聘	18	5.4	52.6
社工的帮助	4	1.2	53.8
其他途径	22	6.6	60.4
没有工作	164	49.5	99.9
合　　计	331	100.0	100.0

（四）经济收入及收入来源

在关于个人月平均收入的调查中,无经济收入或靠家庭、亲友供养的有 100 人,占比 30.2%;领取低保的有 46 人,占比 13.9%;月收入在 1 000—3 000 元的有 58 人,占比 17.5%;在 3 000—5 000 元的有 60 人,占比 18.1%;在 5 000—10 000 元的有 31 人,占比 9.3%;10 000 元以上的有 34 人,占比 10.3%,2 人未作答。

就主要生活来源看,以劳动收入为主要生活来源的有 151 人,占比 45.6%;以临时工或兼职工作收入为主要生活来源的有 67 人,占比 20.2%;以房租、股票等财产性收入为主要生活来源的有 14 人,占比 4.2%;以失业保险金为主要生活来源的有 3 人,占比 0.9%;以最低生活保障金为主要收入来源的有 39 人,占比 11.8%;以家庭其他成员供养的有 50 人,占比 15.1%,7 人未作答。

表 2-12　罪犯入狱前个人平均月收入情况分布

入狱前个人平均月收入	人　数	有效百分比(%)	累积百分比(%)
无经济收入	100	30.2	30.2
领取低保	46	13.9	44.1
1 000—3 000 元	58	17.5	61.6
3 000—5 000 元	60	18.1	79.7
5 000—10 000 元	31	9.3	89
10 000 元以上	34	10.3	99.3
未作答	2	0.6	99.9
合　计	331	100.0	100.0

表 2-13　罪犯入狱前最主要生活来源情况分布

入狱前最主要生活来源	人　数	有效百分比(%)	累积百分比(%)
劳动收入	151	45.6	45.6
临时零工/兼职工作	67	20.2	65.8
财产性收入(房租、股票收入等)	14	4.2	70
失业保险金	3	0.9	70.9
最低生活保障金	39	11.8	82.7
家庭其他成员供养	50	15.1	97.8
未作答	7	0.2	99.8
合　计	331	100.0	100.0

三、出狱后的权利保障状况

（一）就业权利情况

出狱后多次接受就业援助的有 12 人,占比 3.6%;偶尔接受过就业援助的有 23 人,占比 6.9%;从未接受过就业援助的有 285 人,占比 86.1%,未作答 11 人。

表 2-14　罪犯出狱后是否接受过就业援助情况分布

出狱后是否接受过就业援助？	人　数	有效百分比(%)	累积百分比(%)
接受过多次	12	3.6	3.6
偶尔接受过	23	6.9	10.6
从未接受过	285	86.1	96.7
未作答	11	3.3	100.0
合　计	331	100.0	100.0

　　在此基础上，进一步调查，通过就业援助掌握一门及以上职业技能的情况，仅有 32 人通过就业援助掌握一定的职业技能，占比 9.7%；285 人未接受过就业援助，因而也未能通过就业援助掌握一定的职业技能，占比 86.1%。

表 2-15　出狱后通过就业援助掌握技能情况分布

出狱后是否通过就业援助政策掌握了一门及以上职业技能	人　数	有效百分比(%)	累积百分比(%)
是	32	9.7	9.7
否	285	86.1	95.8
未作答	14	4.2	100.0
合　计	331	100.0	100.0

（二）社会保障情况

　　在社会保障的调查中，有医疗保险的 79 人，占比 23.7%；242 人没有医疗保险，占比 73.1%，10 人未作答。有养老保险的 33 人，占比 10%；287 人无养老保险，占比 86.7%，11 人未作答。有失业保险的 14 人，占比 4.2%；306 人无失业保险，占比 92.4%，11 人未作答。可以看到，无医疗保险、养老保险、失业保险的人占绝大多数。

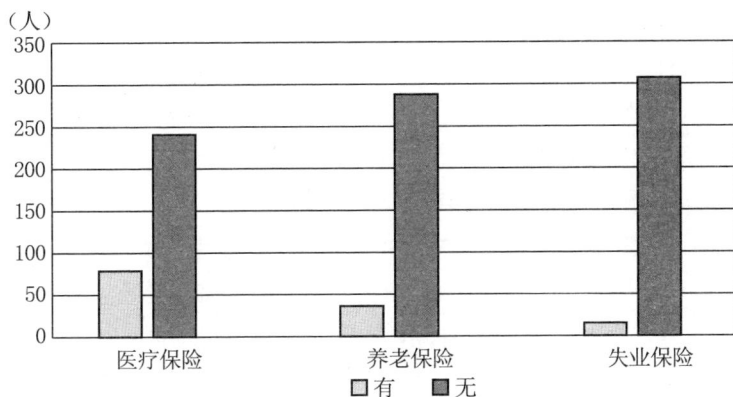

图 2-2　社会保障状况调查

（三）社会支持状态

在关于出狱后遇到急难情况,获得经济支持、实际帮助的来源的调查中,187 人通过家人解决困难,占比 56.4%;71 人向亲戚、朋友寻求帮助,占比 21.5%;向邻居寻求帮助的有 14 人,占比 4.2%;向同事寻求

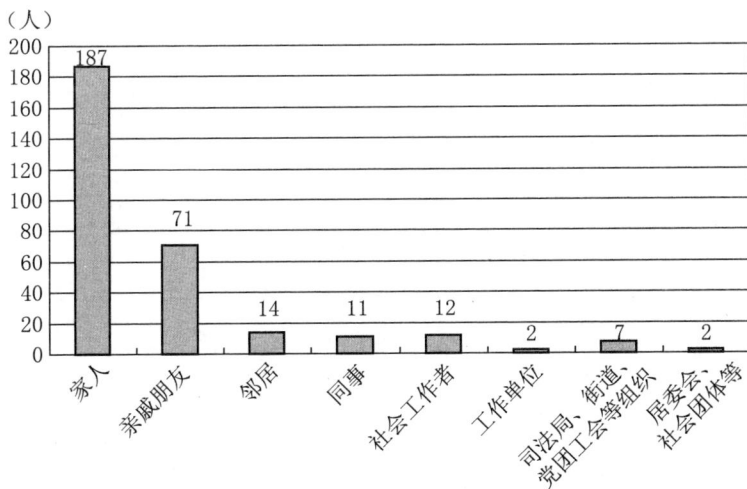

图 2-3　出狱后遇到困难的求助对象

帮助的有 11 人,占比 3.3％;向社会工作者求助的有 12 人,占比 3.6％;向工作单位求助的有 2 人,占比 0.6％;向司法局、街道、党团工会等官方或半官方组织寻求帮助的有 7 人,占比 2.1％;向居委会、社会团体等非官方组织寻求帮助的有 2 人,占比 0.6％。

四、犯罪前科对个人生存和权益保障的影响

在关于犯罪前科对个人权益的影响问题的调查中,279 人认为前科对个人生活有影响,占比 84.3％;148 人认为前科导致就业受到限制,占比 44.7％;63 人认为前科导致融入家庭困难,占比 19％;133 人认为前科导致个人声誉受损,占比 40.2％;71 人认为前科导致融入社会困难,占比 21.5％;20 人认为前科给养老、医疗等权益带来了影响,占比 6％;30 人认为前科会影响创业或自主经营,占比 9.1％;90 人认为前科导致时常受到警察的证件检查及盘问,占比 27.2％;70 人认为除上述影响外,前科还对个人生活存在其他影响。

（人）

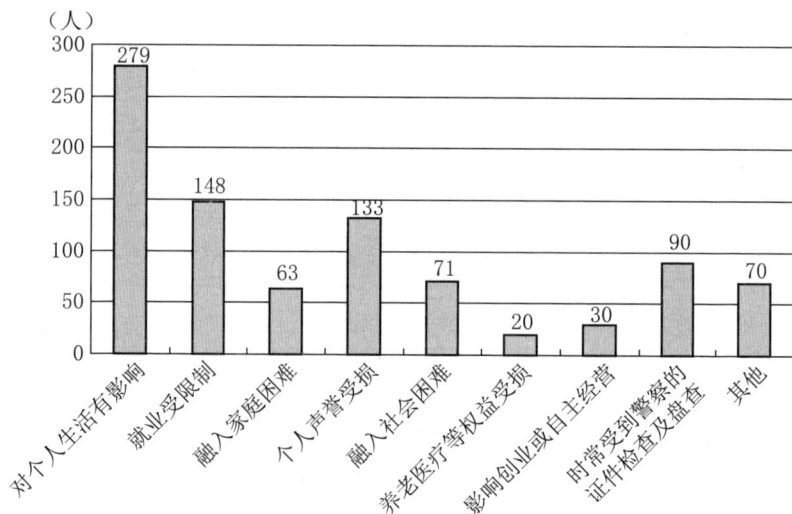

图 2-4　前科对个人生存和权益保障的影响

　　在关于前科对家人生活的影响调查中,279 人认为自己的犯罪前
科对家人的生活有影响,占比 84.3％;222 人认为前科导致了家庭声
誉受损,占比 67.1％;119 人认为前科导致家人融入社区困难,经常
受到排斥,占比 36％;104 人认为前科导致了子女上学、就业、当兵受
到影响,占比 31.4％;28 人认为前科导致了家人部分权益的丧失,占
比 8.4％。

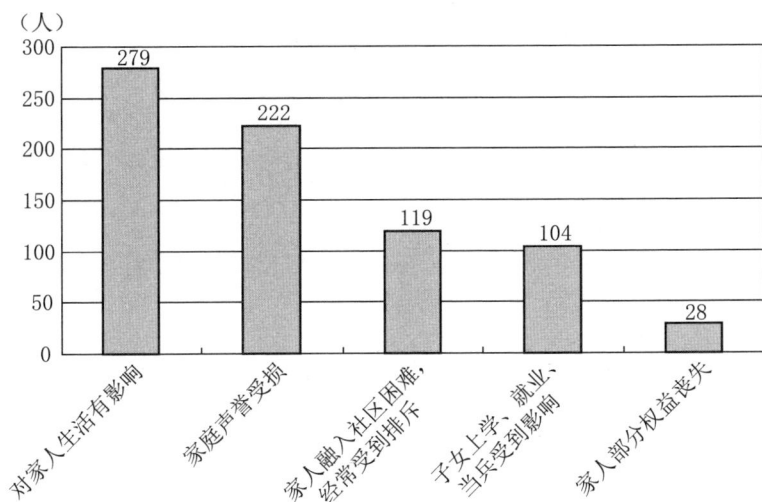

图 2-5　前科对家人的影响

　　在关于前科导致权益限制这一问题的认识上,90 人认为前科是对
罪犯的间接惩罚,内心十分认同,占比 27.2％;133 人认为前科导致了
部分权益受损,却也无可奈何,占比 40.2％;34 人认为前科导致融入社
会受阻,内心十分不认同,占比 10.2％;39 人对此问题没有太大感觉,
持无所谓的态度,占比 10.6％,35 人未作答。
　　在关于再次犯罪原因调查中,71 人认为导致再次犯罪的原因是无
所事事、找点事做,占比 21.5％;49 人认为内心受挫、寻求发泄是再次

表 2-16　如何看待因犯罪前科导致的权益限制情况分布

如何看待因犯罪前科 导致的权益限制	人　数	有效百分比 （％）	累积百分比 （％）
对犯罪的间接惩罚，内心十分认同	90	27.2	27.2
部分权益受损，却也无可奈何	133	40.2	67.4
融入社会受阻，内心十分不认同	34	10.2	77.6
没有太大感觉，无所谓	39	11.8	89.4
未作答	35	10.6	100.0
合　计	331	100.0	100.0

犯罪的原因，占比 14.8％；119 人认为就业无门、生活无着落导致了再
次犯罪，占比 36％；97 人将再次犯罪的原因归结为法律意识淡漠，占
比 29.3％；39 人选择融入家庭、社会困难，占比 11.8％；56 人再次犯罪
的原因是受他人拉拢、支配，占比 16.9％；22 人认为权益受阻、内心失
衡是导致再次犯罪的原因，占比 6.6％；14 人选择其他原因，如家人生
病、用人失察、醉酒、吸毒、为朋友出头等。

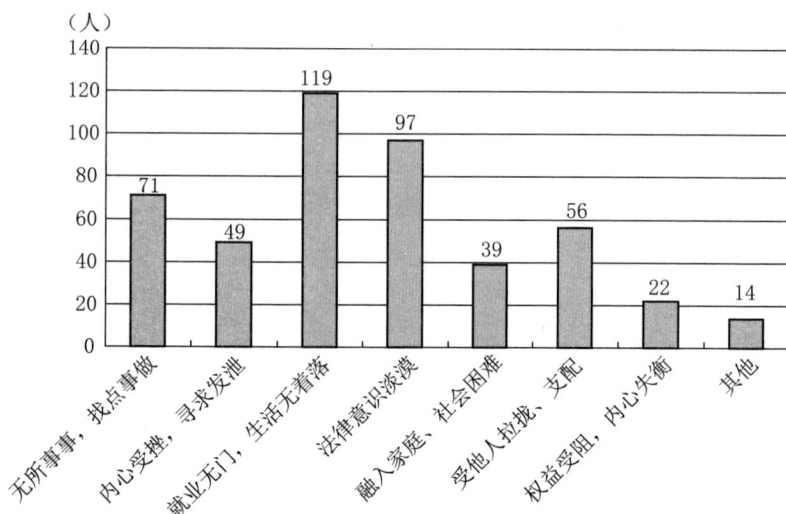

图 2-6　再次犯罪原因

问卷中,还专门设计了开放式的题目,以了解调查对象"回归社会的困境"。在关于"回归社会困难的具体原因有哪些"调查中,从心理情感层面看包括他人异样眼光、声誉受损、社会认同感低、内心自卑、压力大、毒品对人身心的控制;从社会适应层面看,包括难融入社会、适应不了社会,家人、亲友、社区的疏远与排斥;从社会生存层面看,包括就业困难、收入不稳定、基本生活缺乏保障、权益得不到保障。

在关于"犯罪记录对哪些权益造成影响"调查中,调查对象反馈受到限制的权益类型主要包括:名誉权、就业权、选举权、出境自由、养老、医疗等社会保障权;同时,部分调查对象提到外出旅游、住宿、上网时经常会遭遇身份证检查和盘查,购买车船机票等有诸多不便,在创业、购房贷款、融资,信用卡办理、转户口等方面亦受到限制,此外,在争取子女的抚养权方面处于弱势地位,个人的犯罪记录对子女的上学、就业、当兵等带来影响。

在关于"渴望获得的权益"调查中,有前科公民及其家人渴望获得的权益保障主要有:犯罪记录保密,家庭声誉得到保护,获得再次就业的机会,平等对待不受排斥,获得社会的关心和尊重,解决住房、养老、医疗等基本生活保障,子女不因自己的犯罪而受到影响。

五、调查折射出限制有前科公民基本权利的现实状况

（一）就业受限导致生存质量低下

在现代社会,就业与个人的生存发展具有十分密切的联系,就业状态是否稳定,就业后收入是否足以支持个人及其家人的生活,直接影响个人生存质量。调查显示,有前科公民的就业率普遍偏低,无业、失业、半失业人员占 57.1％,即使就业人员,其行业分布也主要集中于农业、制造业、服务业较为低端的岗位,而进入较高阶层的行业或进入行业管理层的比例较低。这种状况一方面是由于参与调查的多次犯罪人员群体本身的文化素质、专业技能较低,而另一方面,制度设计上大量存在的对于有前科公民就业权的限制,以及在现实的就业、招聘中存在的不平等待遇都导致了有前科公民就业稳定性、就业层次较低,就业生态较为脆弱。作为参考,仅 2.1％的人出狱后回原单位工作,基本维持原有的职业层次,而 15.4％的人因犯罪前科被用人单位开除,10 人被吊销各类资格证书,61.1％的人处于多方努力找工作而无果的状态。在关于出狱后遇到的困难、前科对个人的影响调查上,前科导致的就业困难与限制均位列第一,并且就业无门、生活无着落也是被调查人员认为的再次犯罪的首要原因。

（二）社会保障欠缺

被调查对象中,73.1％的人没有医疗保险,86.7％的人没有养老保险,92.4％的人没有失业保险,三种保险都有的只有 10 人,仅占被调查人员总数的 3％,而在关于出狱后遇到的困难以及渴望享有的权益调查中,相当比例的被调查人员认为社会保障欠缺是出狱后的一大困难,阻碍其重新回归社会之路,并期望能改进社会保障状况。

（三）参与社会经济活动受限

值得关注的是,在问卷设计的过程中并未预先设计社会经济活动的问题,在开放式问答调查中,部分调查对象反馈在自主创业、企业经营、购房等经济活动中,因为犯罪前科给个人声誉、信誉造成了负面影响,申请融资、贷款、信用卡时较为困难。这种困难又进一步加剧了有前科公民生存困境,形成"就业无门、创业无路"的恶性循环。

（四）社会排斥严重,社会支持薄弱

社会支持是一个社会学研究的重要课题,这一概念"主要以心理失调的社会原因为研究对象的社会病原学所采用的一个概念,用以说明互动、社会网络和社会环境对社会成员的心理受挫感和剥夺感所产生的影响"。它既包括了"客观的支持,即物质上的直接援助和社会网络、团体关系的存在和参与",又包括了"主观的支持,即个体所体验到的情感上的支持,也就是个体在社会中受尊重、被支持、被理解因而产生的情感体验和满意程度"。①40.5％的调查对象存在家庭、社会融入困难问题,家庭、社会的排斥导致有前科公民难以有效地参与社会生活并适应社会生活。因此,调查中仅有34.1％的调查对象认为自己能够完全适应社会,其他被调查对象都存在不同程度的社会适应不良。融入家庭、社会困难又成为再次犯罪的一大诱因。同时,对遭遇困难时可寻求帮助的主体调查中,家人、亲友是最主要的主体,而其他社会组织、社会群体的参与较少,有前科公民的社会支持较为单一和薄弱。

（五）"歧视性"执法现象突出

"歧视性"执法意指权力主体在执行法律的过程中,对有前科公民预先设立偏见立场,采取带有歧视性的执法措施,予以差别待遇。调查中,27.2％的调查对象认为时常受到警察的证件检查和盘问是前科给自身权益带来的一大影响。而在开放式问答调查中,相当比例的调查对象反馈在旅游、住宿、上网、购买车船机票等需使用身份证件的场合,一旦使用了身份证件,很可能招致警察的检查和盘查。譬如,有贩毒前科及吸毒经历的调查对象反馈,每次在住宿登记后,警察都会来检查,尤其是当一群人外出时,这种只针对特定人群检查的执法方式,对其心理、声誉和社会交往造成了很大的困扰。因此,有调查对象提出犯罪记录应该保密。

（六）株连式权益受损并呈代际传递

前科带来的负面影响,不仅限于有前科公民本人,还波及其家人,尤其是对下一代子女的影响为甚。调查显示,一方面,家人融入社会困难,经常受到歧视和排斥,甚至导致部分权益受损,譬如在村民集体的土地、资源分配和利用上,有的有前科公民的家人处于弱势、被歧视状态,相较于他人,分配获得较少。另一方面,对于子女而言,在上学、就

---

① 参见郑杭生:《转型中的中国社会和中国社会的转型》,首都师范大学出版社1996年版,第318—319页。

业、征兵等事项上受到前科的影响,权益受损的状态呈现代际传递之势。因而,在关于最渴望获得的权益保障调查中,21.6%的有子女调查对象渴望子女的前途不因自己的犯罪前科而受到影响。

第二节　限制有前科公民基本权利的规范分析

在我国,针对有前科公民基本权利的限制形成了覆盖范围十分广泛的网络体系。一方面,不仅从立法上对有前科公民基本权利限制进行制度设计,另一方面,在政府的社会管理中,通过限制有前科公民基本权利以获取犯罪线索、追查犯罪嫌疑人、弘扬社会正气、维护社会秩序,从而达成公共管理的目的,在此过程中,对有前科公民基本权利的限制成为政府社会管理的一种手段。现实中暴露出的诸多权利限制乱象无疑需要我们进一步深思在立法制度设计和行政权力运行中存在的问题。

一、立法的恣意导致权利限制失之过宽

（一）法律体系的混乱与碎片化

针对有前科公民基本权利限制的立法零星分散于体量十分庞大的法律规范之中,呈现碎片化格局。《刑法修正案(九)》新增的从业禁止,赋予法院根据犯罪情况和预防再犯的需要作出从业禁止的权力,明确了从业禁止的程序和时间,有利于进一步规范就业限制。有观点认为,"《刑法修正案(九)》将职业限制的分散式立法整合为集中式立法,更便于司法实践操作",①但是,值得关注的是,《刑法修正案(九)》亦规定,"其他法律、行政法规对其从事相关职业另有禁止或者限制性规定的,从其规定"。这样一来,《刑法修正案(九)》设置的从业禁止并不否认行业立法设立的前科就业限制,更是在此基础上进一步扩展了前科就业限制的范围。现代社会行业类别纷繁复杂,不是所有行业都有准入门

---

① 刘夏:《保安处分视角下的职业禁止研究》,《政法论丛》2015 年第 6 期。

槛限制,行业立法中设立的就业限制大部分都是具备一定准入资格条件的行业,《刑法修正案(九)》在原有行业立法限制的基础上,将就业限制的范围从特定行业扩张到所有行业,同时,也将对有前科公民就业权的限制从具体职业扩张到所有职业,从这个意义上说,《刑法修正案(九)》的规定成为行业立法的兜底条款,但却未能根本解决立法碎片化的问题。

　　立法数量庞杂、碎片化加之法律位阶较低,三重因素交织叠加,导致法律冲突时有发生。尤其是相关性较强的法律之间缺乏必要的协调和通盘考量,法律规范之间各自为政,一方面是下位法突破上位法的规定,设立各类权利限制。譬如,国务院《专利代理条例》中并未对专利代理人职业设立前科就业限制,但在市场监管总局《专利代理师资格考试办法》中规定,"因故意犯罪受过刑事处罚,自刑罚执行完毕之日起未满三年,不得参加专利代理师资格考试",在资格考试这一关口即将有前科公民拒之门外。依据我国立法权限的划分,部门规章在没有上位法依据的前提下,不得设定减损公民、法人和其他组织权利或者增加其义务的规范。显然,部门规章不仅突破了上位法的规定,同时又超越了自身的立法权限。

表 2-17　限制有前科公民基本权利不同位阶法律冲突对比

法律规范名称	法律位阶	条文规定	对前科限制条件
《专利代理条例》	上位法（行政法规）	第十条　具有高等院校理工科专业专科以上学历的中国公民可以参加全国专利代理师资格考试;考试合格的,由国务院专利行政部门颁发专利代理师资格证。	无
《专利代理师资格考试办法》	下位法（部门规章）	第二十三条　有下列情形之一的,不得报名参加考试:(一)因故意犯罪受过刑事处罚,自刑罚执行完毕之日起未满三年。	因故意犯罪受过刑事处罚

另一方面是同位阶法律相互打架,乱设限制。譬如,《教师法》设立的教师职业前科就业限制的条件是"受到剥夺政治权利或者故意犯罪受到有期徒刑以上刑事处罚"。而《义务教育法》中则规定"学校不得聘用曾经因故意犯罪被依法剥夺政治权利的人员"。如果一个公民因故意犯罪被判处有期徒刑但未被剥夺政治权利,依据《教师法》他不能再从事教师职业,但依据《义务教育法》,他仍可受聘从事义务教育工作。同一个公民,同一种职业,依据不同的法律将会得到不同的法律评价。

表 2-18   限制有前科公民基本权利同位阶法律冲突对比 1

法律名称	条文规定	前科就业限制条件
《教师法》	第十四条 受到剥夺政治权利或者故意犯罪受到有期徒刑以上刑事处罚的,不能取得教师资格;已经取得教师资格的,丧失教师资格。	剥夺政治权利;故意犯罪受到有期徒刑以上刑事处罚。
《义务教育法》	第二十四条 学校不得聘用曾经因故意犯罪被依法剥夺政治权利或者其他不适合从事义务教育工作的人担任工作人员。	故意犯罪被剥夺政治权利。

表 2-19   限制有前科公民基本权利同位阶法律冲突对比 2

法律名称	条文规定	就业限制条件
《公司法》	第一百四十六条 有下列情形之一的,不得担任公司的董事、监事、高级管理人员:……(二)因贪污、贿赂、侵占财产、挪用财产或者破坏社会主义市场经济秩序,被判处刑罚,执行期满未逾五年,或者因犯罪被剥夺政治权利,执行期满未逾五年。	1. 特定罪名(贪污、贿赂、侵占财产、挪用财产、破坏社会主义市场经济秩序)+ 期满未逾 5 年; 2. 剥夺政治权利 + 期满未逾 5 年。 (为便于下文比较,《公司法》中规定的限制条件称为"基本限制条件 1 及 2")

续表

法律名称	条文规定	就业限制条件
《商业银行法》	第二十七条　有下列情形之一的,不得担任商业银行的董事、高级管理人员:(一)因犯有贪污、贿赂、侵占财产、挪用财产罪或者破坏社会经济秩序罪,被判处刑罚,或者因犯罪被剥夺政治权利的。	基本限制条件1及2+终身限制
《保险法》	第八十二条　有《中华人民共和国公司法》第一百四十六条规定的情形或者下列情形之一的,不得担任保险公司的董事、监事、高级管理人员:(一)因违法行为或者违纪行为被金融监督管理机构取消任职资格的金融机构的董事、监事、高级管理人员,自被取消任职资格之日起未逾五年的;(二)因违法行为或者违纪行为被吊销执业资格的律师、注册会计师或者资产评估机构、验证机构等机构的专业人员,自被吊销执业资格之日起未逾五年的。	基本限制条件1及2;违法、违纪取消任职金融机构特定职位资格+取消资格未逾5年;违法、违纪吊销专业资格+取消资格未逾5年。
《证券法》	第一百二十四条　证券公司的董事、监事、高级管理人员,应当正直诚实,品行良好,熟悉证券法律、行政法规,具有履行职责所需的经营管理能力。有《中华人民共和国公司法》第一百四十六条规定的情形或者下列情形之一的,不得担任证券公司的董事、监事、高级管理人员:(一)因违法行为或者违纪行为被解除职务的证券交易所、证券登记结算机构的负责人或者证券公司的董事、监事、高级管理人员,自被解除职务之日起未逾五年;(二)因违法行为或者违纪行为被吊销执业证书或者被取消资格的律师、注册会计师或者其他证券服务机构的专业人员,自被吊销执业证书或者被取消资格之日起未逾五年。	基本限制条件1及2;违法、违纪被解除证券行业特定职务+解除职务未逾5年;违法、违纪被吊销执业证书+取消资格未逾5年。

法律名称	条文规定	就业限制条件
《证券投资基金法》	第十五条　有下列情形之一的,不得担任公开募集基金的基金管理人的董事、监事、高级管理人员和其他从业人员:(一)因犯有贪污贿赂、渎职、侵犯财产罪或者破坏社会主义市场经济秩序罪,被判处刑罚的;……(四)因违法行为被开除的基金管理人、基金托管人、证券交易所、证券公司、证券登记结算机构、期货交易所、期货公司及其他机构的从业人员和国家机关工作人员;(五)因违法行为被吊销执业证书或者被取消资格的律师、注册会计师和资产评估机构、验证机构的从业人员、投资咨询从业人员。	基本限制条件1+终身限制;因违法行为被开除的从业人员、国家机关工作人员;因违法行为被吊销执业证书、取消资格的专业人员。

公司是现代经济活动中最为主要的组织形式,我国立法体系中已经构建了各类型公司组建、管理等法律规范。其中多部法律对于特定职位从业人员设定了前科就业限制。表2-19以《公司法》为基础,对《商业银行法》《保险法》《证券法》《证券投资基金法》等相关法律中对有前科公民从业限制的法律条款进行对比。

表2-19的对比,可以发现《公司法》对公司董事、监事、高级管理人员职业,设立了针对有前科公民的就业限制条件,《商业银行法》《保险法》《证券法》《证券投资基金法》等相关法律均对部分职位设立了针对有前科公民的就业限制条件。以《公司法》所规定的就业限制条件为基本限制条件,同中有异的是,上述几部法律都在基本限制条件的基础上都有所"加码"。譬如,《商业银行法》在《公司法》规定的限制条件的基础上进一步将限制的期限扩展至不设期限的终身限制。《保险法》《证券法》《证券投资基金法》在基本条件的基础上还将违法、违纪行为导致的从业处罚涵盖其中。即使同样在证券行业中的就业限制,《证券法》和《证券投资基金法》的规定也是有区别的,《证券法》在《公司法》基本

限制条件的基础上增加了特定期限内因违法、违纪行为行为被解职和吊销专业证书、取消资格的两种情形,而《证券投资基金法》采用了《公司法》基本限制条件 1,舍弃了对剥夺政治权利人员的就业限制,但是又增加了因违法、违纪行为被开除、被吊销从业资格两种情形,尤其是对这两类人员的从业限制是无期限的规定,乃为终身限制。

当然,法律之间的冲突是一种普遍的法律现象,可以通过法律解释、法律位阶规则的运用来有效解决法律冲突问题。但是,对相关性法律的横向对比揭示了一个基本的问题:由于在制度设计中还需要对权利限制标准的统一考量,目前还存在法律与法律之间、不同位阶法律之间的矛盾与冲突,这也从根本上造成了有前科公民基本权利限制的有待完善和权利行使的步履维艰。

(二)制度设计欠缺执行性考量

《刑法》第一百条及《刑法修正案(八)》共同构建了前科报告制度。《刑法》第一百条是 1997 年《刑法》修订时新增的制度,在之前的 1979 年《刑法》中并无此项制度。在全国人大常委会的有关说明中,本条的立法理由是:"实践中,一些受过刑事处罚的人,由于接受他们入伍、就业的部队、单位没有清楚地掌握这些被录用人员在刑事方面曾受过处罚的情况,不能对他们进行有效的教育、监督,以至于对其中主观恶性仍然很深的分子不能有效地进行防范,给接受他们的部队、单位以及社会造成了不可挽回的损失。"[1]因此,增设前科报告制度目的在于通过对前科信息的强制披露,引起入伍或就业接受单位的关注和警惕,加强监管和防控。但是,《刑法》第一百条有两个制度设计上的先天不足。

1."有关单位"语焉不详

《刑法》第一百条规定,受过刑事处罚的人"应当向有关单位报告",

---

① 全国人大常委会法制工作委员会刑法室编著:《〈中华人民共和国刑法〉解读》,中国法制出版社 2015 年版,第 150—151 页。

相关法律也未对"有关单位"进行法律上的限定,这就导致公民在入伍、就业时,可能有多个单位要求报告有无前科情况,也是各类无犯罪记录证明泛滥和混乱的制度根因。

2. 欠缺对报告法律后果的规范

既然前科报告是一项法定的强制性义务,则应当有相应的法律后果。从正、反两个维度来剖析。

一方面,如果公民如实报告了前科情况,相关部队、用人单位拒绝招录有前科者,如何救济和保障有前科公民的权利?倘若没有对权利的救济,有犯罪前科就成为拒绝公民入伍、就业最佳的借口,而前科报告制度就可能成为"有前科人员不得入伍、就业"制度。这就造成对有前科公民相关权利事实上的剥夺。同时,前科报告并不意味着公民的有关前科信息"广而告之",接受报告的"有关单位"在了解、掌握了公民前科信息后,是否有保密的义务?对此,法律上并未有明确规定。

另一方面,《刑法》第一百条仅规定应当如实报告,不得隐瞒,如果公民隐瞒前科情况或者不如实报告前科情况,有什么法律后果?从形式上看,《刑法》总则、分则中均未予明确,而《兵役法》《劳动法》《公务员法》及相关行业的立法中都未有涉及。由此,《刑法》第一百条成为了没有杀伤力的武器。正如有学者指出的,"《刑法》第一百条只有命令性规范,没有惩罚性规范,从而使规定变得毫无意义"。①而从立法的实质内容上看,前科报告制度既然作为入伍、就业人员背景审查的一种制度设计,是为入伍、就业的一个环节,应为《兵役法》《劳动法》所规范的内容,与《刑法》惩罚犯罪、保护人民的价值功能相去甚远,因此设置前科报告条款也与《刑法》本身的功能序列格格不入。

① 侯国云、白岫云:《新刑法疑难问题解析与适用》,中国检察出版社 1998 年版,第 174—175 页。

（三）立法标准的模糊与尺度的宽纵

立法标准上对于有前科公民基本权利在限制对象、限制条件、限制方式、限制权利范围、限制期限等核心要素上没有明确的规范，欠缺统一的立法标尺，相当数量的权利限制的必要性和功能性有待商榷。

1. 欠缺对犯罪主观要件的明确考量

限制有前科公民基本权利的一个基本假设是有过犯罪行为的人更有可能再次犯罪。犯罪构成中的主观要件分为故意和过失，故意犯罪的社会危害性和犯罪人的人身危险性显然要高于过失犯罪。恰如刑法学者指出，"过失犯罪者，并非因具有与社会相对立的心理而犯罪，危害结果的发生与其本意相悖。正由于犯罪结果发生违背其意志，其不存在再有意犯罪、追求不利于社会的危害的可能性，人身危险性极小"。① 是否有必要限制过失犯罪人员的权利？如何限制？限制哪些权利？立法上尚无定论，部分法律将过失犯罪人员排除在限制之外，但相当数量的法律采取的是一网打尽的做法，无论故意犯罪还是过失犯罪，一律加以限制。

2. 欠缺罪名与受限权利的关联性考量

犯过罪的公民从事相关职业是否必然会对社会公众或该行业本身造成不利影响？或者犯过罪的公民享有、行使某项权利是否必然会对他人和公共利益造成损害？是否会增加犯罪概率？对这些问题，立法上缺乏理性的定性判断和定量考察。在进行权利限制时，罪名与权利之间的关联性并不是必要的衡量依据，以就业限制为例，除《公司法》《商业银行法》等有关法律外，大部分法律并未考虑罪名的因素，科学权衡评估所犯之罪与所要限制的职业之间的关联度，不区分罪名与职业的泛化限制，无疑扩大了前科就业限制的范围。而在其他权利的限制中，大量法律规范未具体考虑罪名问题，多以"犯罪"涵盖所有罪名。

---

① 　邱兴隆：《刑罚理性导论》，中国政法大学出版社 1998 年版，第 260 页。

3. 欠缺对权利限制期限的标准考量

大部分法律对有前科公民基本权利限制的时间期限没有明确的规定。对权利没有时间期限的限制就意味着，公民一旦犯罪，不管他是否已经接受了刑罚的制裁，不管他如何"吸取教训""改邪归正""重新做人"，终其一生都要为早年的犯罪行为"买单"，贴上犯罪人的标签，其权利始终处于被禁止和剥夺的损抑状态。

4. 欠缺对刑罚种类的分类考量

是否将刑罚种类作为对有前科公民基本权利限制的考量因素，法律并无定论。我国刑法中规定了五种主刑（管制、拘役、有期徒刑、无期徒刑、死刑）、三种附加刑（罚金、剥夺政治权利、没收财产）以及针对犯罪的外国人的附加刑驱逐出境。不同种类的刑罚对犯罪人的制裁和惩罚的程度是不一样的，对公民权利的限制与剥夺也是迥然有异的，区分这种不同的标尺是犯罪的社会危害程度。在对有前科公民基本权利的限制中，是否应当考虑刑罚种类的不同而在限制的权利范围和幅度上有所区分，对此，相关法律、法规之间并未有统一的标准，主要存在三种立法模式：一是完全不考虑刑罚种类，如《法官法》《检察官法》等法律规定，对曾因犯罪受过刑事处罚的人限制就业资格，至于受到的刑事处罚是主刑还是附加刑，是管制、拘役还是有期徒刑，或者刑期长短则再所不问。二是对被剥夺政治权利或者受到有期徒刑以上刑罚的人员进行限制，如《海关官衔条例》规定，将刑罚种类框限于剥夺政治权利或者有期徒刑以上刑罚。三是不仅规定对被剥夺政治权利或者受到有期徒刑以上刑罚的人员进行限制，并且还考量有期徒刑的刑期长短，如《预备役军官法》规定，对被判处三年以上有期徒刑的预备役军官才剥夺其军官军衔，也就是说，如果行为人被判处的是三年以下有期徒刑，其就业权也并不被限制。

5. 欠缺对权利限制对象范围划定的合理性考量

前科株连制度的存在将权利限制的射程范围从行为人本人扩展至

周边关联人群。是否确有必要对关联人群进行权利限制？这种限制是
否合理？关联人群的范围如何划分？前科株连制度主要出现在公安招
警和部队征兵涉及政治审查的有关部门规章、部分地方性法规中，最为
直接的体现是招警、征兵简章中所列明的政治条件。从字面表述上看，
涵盖了直系血亲、家庭主要成员、直接抚养人、主要社会关系成员、本人
有重大影响的旁系血亲、对本人影响较大的其他亲属，尤其是将主要社
会关系成员、旁系血亲、其他亲属囊括进来，而这些人员缺乏明确的范
围框限，是以血缘、社会关系的远近还是以情感、交往的亲疏划分，这些
问题立法上显然未予以充分的关注。笼而统之、语义不明的规范可能
导致制度执行过程中株连范围的扩大，即使确有必要对亲属的权利进
行限制也会悖离其原定的制度设计初衷。

二、行政权力运用的随意导致权利限制失之于乱

（一）对于有前科公民信息使用的随意

信息技术的发展将海量的数据资源有效整合，大数据技术提高了
信息的捕捉、筛选、分析和管理能力。我国自 1975 年就开始探索电子
计算机在经济计划和统计汇总方面的应用，并在 1982 年进行的第三次
全国人口普查中第一次大规模地采用计算机进行人口普查数据的处
理。①近年来，政府管理更加注重信息技术的使用，使之成为政府精准
决策和高效行政的技术支持。尤其是在警务管理运行中，21 世纪初开
始的现代警务改革浪潮以信息技术为主导，大力推进警务信息系统建
设。《中共中央办公厅、国务院办公厅印发的《关于加强社会治安防控
体系建设的意见》中要求提高社会治安防控体系建设科技水平，加强信
息资源互通共享和深度应用，加快构建纵向贯通、横向集成、共享公用、
安全可靠的平安建设信息化综合平台。公安部早在 2006 年即开始建
立传销犯罪分子信息库，涵盖 1998 年以来所有传销违法犯罪分子的个

---

①　孙平：《政府巨型数据库时代的公民隐私权保护》，《法学》2007 年第 7 期。

人信息和相关传销活动信息。①目前,公安机关构建的全国信息查询系统主要有全国刑事信息联查平台、全国违法犯罪人员信息管理系统、全国在逃人员信息库、全国禁毒信息管理系统。这些系统中涵盖了海量的犯罪人相关信息。但是,如何规范使用这些信息尚未有明确的规定。2012 年最高人民法院、最高人民检察院、公安部、国家安全部、司法部共同发布了《关于建立犯罪人员犯罪记录制度的意见》,要求健全完善犯罪信息登记、管理、通报、查询工作机制,提出要"建立犯罪人员信息库",并要求公安机关、国家安全机关、人民检察院和司法行政机关在向社会提供犯罪信息查询服务时,应当严格依照法律法规关于升学、入伍、就业等资格、条件的规定进行。②《关于建立犯罪人员犯罪记录制度的意见》虽然明确了违反规定处理犯罪人员信息应当追究责任,但是该意见中并未明确界定"情节严重""造成严重后果""有关人员"等法律用语,至于追究责任、追究什么责任亦未详加界定。而在政府管理的实际运行中,据笔者对公安部官方网站的搜索,并未查询到相关信息系统信息搜集、查询、利用的具体规定。

　　信息使用规则的缺失导致了对有前科公民信息使用的随意性,产生了各种超出"入伍、就业、升学"范围的无犯罪记录证明。办理退休手续要提供无犯罪记录证明,公司上市要提供无犯罪记录证明,申领律师执业资格证要开具无犯罪记录证明,劳务输出也要开具无犯罪记录证明……随着一些奇葩证明被曝光,各部门开始治理证明乱象,2015 年 8 月 22 日,公安部治安管理局暨打四黑除四害专项行动办公室官方微博发布了 18 项不该由公安机关出具证明的情况。其中,违法犯罪记录是公安机关内部掌握的情况,有关单位需要调查了解的,应由需要单位派

---

① 孙玉波、周芙蓉:《公安部筹建传销违法犯罪分子信息库打击传销》,载 http://www.gov.cn/jrzg/2006-11/22/content_450746.htm。
② 最高人民法院、最高人民检察院、公安部、国家安全部、司法部《关于建立犯罪人员犯罪记录制度的意见》法发[2012]10 号。

人持有效证件及单位介绍信到公安派出所开具,对个人一律不予出具。①公安机关只是不对个人出具无犯罪记录证明,而非取消。一方面,有关单位或组织要求公民提供无犯罪记录证明,而另一方面,公民个人却无法开具无犯罪记录证明来"自证清白",由此导致实践中的"死循环"。②由于制度设计上存在着大量的针对有前科公民的权利限制,公安部新规无法根治公民前科信息使用混乱的困局。

(二)对于有前科公民管控措施运用的随意

行政权对有前科公民权利限制的随意性还体现在对有前科公民管控措施运用的随意上,较为典型的有如前文所述案例中对有前科公民的重复盘问、检查。

合法性原则和合理性原则是行政法基本原则。关于行政合理性最为经典的论述堪为 1598 年英国法官科克的判词——"尽管委员会授权委员们自由裁量,但他们的活动应受限制并应遵守合理规则的法律原则。因为自由裁量权是一门识别真假、是非、虚实、公平与虚伪的科学,而不应按照他们自己的意愿和私人感情行事"。③我国行政法学理论关于合理性的研究中,有学者认为:"行政合理性原则的基本内容主要有:正当性、平衡性、情理性。"④有学者认为:"合理性原则指行政决定内容要客观、适度、符合理性。"⑤有学者认为:"行政合理性原则包括:行政行为必须符合法律的目的;行政行为必须具有合理的动机;行政行为必须考虑相关的因素;行政行为必须符合公正法则。"⑥有学者将我国行

---

① 参见程媛媛、胡克凡:《派出所质疑社保局:退休为何要开无犯罪证明》,《新京报》2015 年 8 月 26 日第 A16 版。

② 参见韩景玮:《公安部新规一出市民开无犯罪记录证明作了难》,《大河报》2015 年 9 月 28 日第 A9 版。

③ [英]威廉·韦德:《合理原则》,李湘如译,《环球法律评论》1991 年第 6 期。

④ 胡建淼:《行政法学》,法律出版社 2005 年版,第 66—67 页。

⑤ 罗豪才主编:《行政法学》,中国政法大学出版社 1989 年版,第 41—43 页。

⑥ 王连昌主编:《行政法学》,中国政法大学出版社 1994 年版,第 54—57 页。

政合理性原则概括为："行政行为的内容应当合理的基本规则，主要包括平等对待、比例原则和正常判断三个方面。"①2004年国务院《全面推进依法行政实施纲要》将合理行政解释为："行政机关实施行政管理，应当遵循公平、公正的原则。要平等对待行政管理相对人，不偏私、不歧视。"因此，公正对待、平等保护应为行政合理原则的必要内涵，行政机关在行使行政权的过程中，应当具有正当目的，合理使用自由裁量权。合理性原则要求政府在基于合法性的前提下，在作出行政行为时应当合理运用自由裁量权，给予相对人公正、平等的对待。

　　《警察法》第九条规定，公安机关人民警察有权对有违法犯罪嫌疑的人员进行当场盘问、检查，并规定了带至公安机关继续盘问的四种情形。从法律性质上看，警察的盘问、检查行为是《行政强制法》所规定的行政强制措施。《行政强制法》第四条、第五条规定了行政强制设定和实施的原则，即合法性原则和适当性原则。时任全国人大常委会法制工作委员会副主任信春鹰在《关于〈中华人民共和国行政强制法（草案）〉的说明》中指出："草案规定了实施行政强制应当遵循四项原则：法定原则、适当原则、不得滥用原则、和解原则。其中适当性原则意指'实施行政强制应当依照法定条件，正确适用法律、法规，选择适当的行政强制方式，以最小损害当事人的权益为限度'。不得滥用原则意指行政强制措施不得滥用。实施非强制性管理措施可以达到行政管理目的，不得实施行政强制措施。"②

　　德国学者贝格曾提出："警察权力的行使唯有在必要时，才能限制公民之权利。"③唯有"必要"方得用权，而这个必要的限度集中在对"违法犯罪嫌疑"人员的自由裁量上。"违法犯罪嫌疑"意味着行为人已经

---

① 叶必丰：《行政合理性原则的比较与实证研究》，《江海学刊》2002年第6期。
② 《关于〈中华人民共和国行政强制法（草案）〉的说明》，载 http://law.npc.gov.cn/FLFG/flfgByID.action?flfgID=31474852&zlsxid=23。
③ 转引自汪燕：《行政合理性原则与失当行政行为》，《法学评论》2014年第5期。

实施了违法犯罪行为或准备实施违法犯罪行为。公安机关依据法律法规所规定的权限、程序和原则,使用一定的方法来寻找、发现、确认违法犯罪嫌疑人。以刑事侦查为例,通常情况下,公安机关主要根据体貌特征、言行举止、案件性质、因果关系、作案手段、人证物证,借助技术手段来确定违法犯罪嫌疑人。有犯罪前科只代表了曾经犯过罪的经历,并不意味着现在正在犯罪或者准备实施违法犯罪行为。前述案例中,警察对于有前科公民的重复盘问、检查行为将有前科公民与违法犯罪进行了无根据和不合理的联系,并基于此,对有前科公民施以了比普通公民更为严苛的对待,对作为行政相对人的有前科公民而言是不合理、不公平的对待,这与平等对待、不偏私、不歧视要求相冲突。而就行政权行使的合理性而言,警察的盘问、检查建立在先入为主的固有思维和"有前科人员"与"违法犯罪嫌疑人"不合理链接之上,违反了适当性原则。在违法犯罪嫌疑洗清之后又重复多次盘问、检查,甚至每次都进行盘问、检查,警察存在滥用行政强制措施之嫌,违背了不得滥用原则。

第三节　限制有前科公民基本权利的定性分析

对制度设计、现实运行的考察展示了我国限制有前科公民基本权利的基本情况。对现象的透视揭示出来的问题需要我们进一步反思制度设计上存在的功能偏差,有必要首先从法律属性上对限制有前科公民基本权利进行再认识。作为一项对公民权利产生重要影响的制度,它的法律属性究竟是什么?这个问题在制度设计上存在模糊之处,而理论研究中也存有诸多争议。从根本上导致权利限制的混乱和公民救济保障途径的匮乏。

一、以"刑罚"为中心的刑法学认识路径

现有的对限制有前科公民基本权利法律属性的研究主要集中在刑法学领域,围绕这种限制是否具有对公民的惩罚功能,如何对既有法律

制度设计等维度展开,呈现出以"刑罚"为中心的认识路径。主要有四种观点:

（一）刑罚说

有学者从完善资格刑的角度认为:"不少犯罪都与犯罪人的职业有关,对于这种犯罪人,有必要判处剥夺从事特定职业的权利,将其纳入资格刑之中,既作为对其犯罪的一种惩罚,也是防止其利用职业再次犯罪的一种手段。"①有学者认为:"我国现有的以自由刑为中心的刑罚体系过于单一,应当完善刑罚体系,建立多元刑罚体系,增设矫治刑与资格刑,将资格刑的范围从剥夺政治权利扩展到对个人的从业资格的剥夺和对单位犯罪的资格刑。"②有学者认为:"在我国刑罚体系外存在大量实为资格刑的行政处罚,虽无资格刑之名,却行资格刑之实,如禁止担任公职、禁止从事特定职业活动。"③

（二）准刑罚说

有学者认为:"剥夺(有前科公民)职业资格并非刑法规定,而是附属于其他法律法规……可以说这种剥夺职业资格并非典型的刑罚方法,不过其以犯罪为前提、属于犯罪的法定后果,是基于法院对犯罪的认定而对犯罪人原有资格的剥夺,从这个意义上说,将之视作广义上的不典型的资格刑也未尝不可,简称非典型性资格刑。"④

（三）保安处分说

有观点认为:"有前科者从业禁止,从立法目的考察,该制度的法律性质应当为保安处分。"⑤有观点认为:"《刑法修正案(九)》新增从业禁

① 参见陈兴良:《刑法哲学》,中国政法大学出版社2009年版,第577页。
② 参见彭文华:《我国刑罚体系的改革与完善》,《苏州大学学报(哲学社会科学版)》2015年第1期。
③ 李荣:《我国刑罚体系外资格刑的整合》,《法学论坛》2007年第2期。
④ 张小虎:《刑罚论的比较与构建》,群众出版社2010年版,第325页。
⑤ 叶良芳、应家赟:《论有前科者从业禁止及其适用》,《华北水利水电大学学报(社会科学版)》2015年第4期。

止,从立法目的、法律条文的逻辑性以及刑罚体系的规定来看应属于保安处分的范畴,与刑罚和禁止令区分适用。"[1]

（四）犯罪、刑罚后遗效果说

有学者认为:"前科的确切法律性质,是'对前罪刑罚效果的配套评估体系',而这正属于前罪刑罚的后遗性效果之一。"[2]有学者提出,前科的法律性质是犯罪的后遗效果,是指因行为人行为的犯罪性所带来的后遗影响,包括刑法上的影响、民事及行政法上的影响以及非法定影响。[3]

二、刑法学认识路径的反思

前科以及基于前科所引发的各种基本权利限制与犯罪及刑罚具有紧密的联系,以"刑罚"为中心的刑法学认识路径具有先天的优势。但刑法学聚焦关注的重点在于《刑法修正案(九)》及行业立法中设立的从业禁止和就业限制。前文对基本权利限制制度与现象的分析揭示了限制有前科公民基本权利的范围十分广泛,涉及的权利类型也十分多样,虽然针对有前科公民基本权利的限制中就业权的限制占比较大,但事实上这种限制不仅限于就业权,还涉及公民个人隐私权、受教育权、社会保障权、居住权、荣誉权及相关人群的权利。因此,需从权利限制的整体与具体权利限制的特性来推进我们的认识。

需要指出的是,在反思刑法学认识路径之前,必须厘清两个概念,"本质属性"与"法律属性",从哲学上说,"本质属性"是"决定该事物之所以成为该事物并区别于其他事物的属性"。[4]因此,对"本质属性"的考察既包括了实然层面,更注重应然层面的分析。"法律属性"重在考

---

[1]　范娅楠:《对〈刑法修正案九〉中剥夺特定职业从业权的相关思考》,《广州广播电视大学学报》2016 年第 1 期。

[2]　于志刚:《犯罪记录报告制度的批判性解读及其完善——以有利于犯罪人回归社会为视角》,《南都学坛(人文社会科学学报)》2009 年第 5 期。

[3]　参见覃剑峰:《论前科》,武汉大学博士学位论文 2010 年。

[4]　转引自曹予生:《关于"本质属性"概念——与李先焜同志商榷》,《武汉师院学报(哲学社会科学版)》(现名《湖北大学学报(哲学社会科学版)》)1982 年第 6 期。

察一项制度在法律上区别于其他制度的属性,解决"在法律上是什么"的问题,因此,对"法律属性"的研究不能跳脱特定国家的特定法律制度体系。基于这个研究前提,我们来反思刑法学的认识路径。

首先,我们需要探讨的是"限制有前科公民基本权利是不是刑罚"。对有前科公民基本权利的限制与犯罪行为紧密联系,对公民而言剥夺或限制其有关权利或资格无疑对其劳动就业、生存发展带来极为不利的影响。尤其是针对就业的权利限制与犯罪具有一定的关联度,因此,人们很容易将对有前科公民基本权利的限制与刑罚联系起来。此外,历史和现实中,部分国家的刑法直接将职业、资格限制作为一种附加刑,如意大利将职业限制作为一种附加刑纳入刑罚体系予以比较明确的规定。但是,就我国的立法现实而言,刑法并未将对有前科公民的权利限制规定为一种刑罚,值得注意的是,《刑法修正案(九)》将从业禁止的规定置于《刑法》第三十七条非刑罚处置措施之下,可见,立法本意也并未将其规划为一项刑罚措施。

根据《立法法》的规定,涉及犯罪和刑罚的事项适用法律保留原则,并且是绝对保留的立法事项,只能制定法律予以规范。《刑法》第三条规定,法律明文规定为犯罪行为的,依照法律定罪处刑;法律没有明文规定为犯罪行为的,不得定罪处刑。也就是说犯罪与刑罚必须以法律的明文规定为依据,前述对有前科公民基本权利限制的法律,没有一条明文规定这种限制是一项刑罚措施,因此,笔者认为在法律未有明文规定的情况下,依据法律保留和罪刑法定的原则,不宜也不应将其视为一项刑罚或者准刑罚制度。

其次,我们需要探讨的是"限制有前科公民基本权利是不是保安处分"。"保安处分有广义、狭义之分,广义的保安处分既包括了对物又包括了对人的保安处分,狭义的保安处分仅指对人的保安处分,即对具有实施犯罪或其他类似反社会行为的特别危险性的人,以防止这种危险、预防对社会秩序的侵害为目的,而给予的处分。"①折中综合绝对主义

---

① 张明楷:《外国刑法纲要》,清华大学出版社 1999 年版,第 441 页。

刑罚观和相对主义刑罚观的并合主义刑罚观认为,刑罚须同时兼顾罪责报应和危险预防:由于刑罚的适用须受罪责原则的限制,所以,对于不负罪责而无刑罚适应性的行为人,就不能基于预防目的适用刑罚;同时,刑罚的适用不得超过罪责程度,所以也不得为防止危险发生而适用超过罪责程度的刑罚。因此,在刑罚之外设立具有预防社会危险目的的保安处分就是大势所趋;相应地,即在刑法中形成法律后果的"双轨制"。①纵观各国刑事立法,保安处分的适用对象主要是:"限制责任能力及无刑罚适应能力的无责任能力的人,刑罚对其缺乏矫正效果的常习犯、职业犯,毒品犯与酗酒犯,流浪犯罪者,有重大危险性的传染病者,具有危险的生理缺陷或性格异常的人,等等。"②

　　保安处分制度设计的一个基本假设在于:具有人身危险性的人必然或大概率会犯罪,这对于社会安全来说是一种潜在的威胁,因而有必要预先采取管控措施,预防犯罪,减少犯罪对社会的伤害。但如何评估人身危险性,如何判定犯罪倾向,在理论上、技术上尚无定论,因此,虽然很多国家在立法上规定了保安处分制度,但是基于其可能侵犯公民合法权利的忧虑,③而对保安处分制度的适用对象、适用程序以及所采取的措施、期限等均在法律上有明确的规定和严格的限制。1928 年在罗马召开的国际刑法统一会议所作出的关于保安处分的《统一立法案》第一条规定:"对任何人,非依照刑法规定不得施以保安处分。保安处分的内容,悉依照法律的规定。"④各国在规范和适用保安处分时亦确立了处分法定原则、必要性原则、均衡性原则和不定期原则。⑤

---

① 时延安:《隐性双轨制:刑法中保安处分的教义学阐释》,《法学研究》2013 年第 3 期。
② 参见张明楷:《外国刑法纲要》,清华大学出版社 1999 年版,第 442 页。
③ 第二次世界大战期间,保安处分为德国纳粹所利用成为法西斯践踏人权的工具,成为保安处分"恶为利用"的一段时间。
④ 转引自林纪栋:《刑事政策学》,中正书局 1969 年第 4 版,第 311 页。
⑤ 参见徐久生:《保安处分新论》,中国方正出版社 2006 年版,第 30—36 页。

　　《刑法修正案(九)》新设的从业禁止,赋予法院根据犯罪情况和预防犯罪的需要对行为人进行职业限制的权力。这一制度设计一定程度上契合了保安处分的制度价值和内涵,但是,在刑法之外,仍有大量行业立法所规定的就业限制,这些限制并非由法院基于犯罪人的犯罪情况和预防犯罪的需要作出个案化决定,而是由立法统一对特定群体在特定行业的就业权进行限制或剥夺。除此之外,还有诸多针对有前科公民的权利限制类型,保安处分一说显然难以涵盖所有的权利限制类型。

　　最后,我们需要思考的是"限制有前科公民基本权利是不是刑罚后遗效果"。

　　日本学者植松正在 20 世纪 70 年代提出:"刑罚权因执行完毕或者免除等理由而消灭后,其后遗效果仍然存在。这种效果就是行为人受过刑罚处罚的事实。在行为人就公务员或其他一些职业的场合(如律师、医生等),在涉及公职选举的选举权和被选举权的场合,以及以其他一定资格为必要的场合,这往往会成为资格欠缺的事由。"①因此,他认为,前科的性质就是刑罚的后遗效果,而这一观点也为日本刑法学界所普遍接受,是为主流观点。我国理论界也有部分学者持这一观点。对此,有学者认为:"对于犯罪人的资格剥夺与权利限制,以及对后罪的定罪量刑可能性负面效应等刑事立法上的规则,是以刑罚效果尚未最终确定而建立的一整套评估体系,属于对刑罚改造后果的观察与评价制度。"②

---

①　参见[日]植松正:《刑法概论Ⅰ总论》,劲草书房 1974 年版,第 454—455 页。转引自覃剑峰:《论前科》,武汉大学博士学位论文 2010 年。

②　于志刚教授认为,前科的存续期间是对于犯罪人适用刑罚的实际效果或改造效果的观察期间。刑法典对于所有犯罪的法定刑设置,在刑罚的量上是国家立法机关根据司法统计、经验积累等综合手段,而事先预测并加以规定的一个大致幅度,对于具体的犯罪人执行相应的刑罚能否起到改造和预防再犯的实际效能,带有较多的预测因素,因此,有必要在刑罚执行完毕之后设立一个配套性的、独立的观察期限,观察刑罚的执行效果和刑罚在量上是否已经足够。参见于志刚:《论前科效应的理论基础》,《政法论坛(中国政法大学学报)》2002 年第 2 期。

有学者为解决刑罚后遗效果说的不足,提出犯罪后遗效果说:"将受非刑罚处理方法和单纯有罪宣告的犯罪人也纳入前科范畴。"①

　　刑罚、犯罪后遗效果说在理论上很好地解释了前科制度设定的目的以及在量刑、刑罚适用上的价值功能。但后遗效果难以投射到具体的制度设计上,没有有形的、具体的制度支持,因而也就欠缺相应的权力监督制约和权利保障救济的渠道。对有前科公民基本权利的限制是现实和具化的,笔者认为后遗效果说不利于公民权利的保护。

　　三、以"权力"为中心的认识路径

　　限制有前科公民基本权利所涉的核心议题在于对公民权利的限制合理性、必要性,限制的合法性、正当性以及如何规范限制。置于宪法、行政法学的视阈之中,权利受到限制是结果,而导致这一结果的原因正是公权力的运作:公权力基于一定的需求,对特定群体公民的特定权利进行干预,使公民处于法律上的不利益或行动上的不自由状态。在这个过程中,呈现的是国家与公民、公权力与公民权利、公共利益与私人利益之间的平衡与博弈。对有前科公民基本权利的限制并不是一个完整而逻辑严密的体系,每一种权利限制的目的、功能都是同中有异的,因此,我们需要将整个权利限制的体系拆解为若干具体的权利类型,并映射至相应的权力运作轨迹,逐一分析其法律属性。

　　从时间维度看,对有前科公民基本权利的限制可分为事先预防性限制与事后管控性限制两种限制方式,基于这两种限制方式的不同,引发了法律属性上的不同归属。

　　(一)事先预防性限制中的权力运作轨迹

　　事先预防性限制,即为了预防有前科公民再次犯罪而事先对其有

①　参见覃剑峰:《论前科》,武汉大学博士学位论文 2010 年。

关权利或有关资格进行限制,消除再次犯罪的手段和便利条件,从而引导或迫使行为人打消犯罪动机和犯罪意愿,"不敢"或"不能"再犯。

1. 权力运作的主体为法院和行政主体

事先预防性限制中的权力主体包括两类:

一类是法院,《刑法修正案(九)》所确立的从业禁止制度,赋予法院有权附随判决禁止犯罪人一定期限内在特定行业从业。《刑法修正案(九)》出台后,各地法院相继作出从业禁止的判决。譬如,天津市北辰区人民法院(2017)津 0113 刑初 175 刑事判决书中,法院不仅认定被告人穆某某犯销售不符合安全标准的食品罪,判决处以相应刑罚,同时,禁止被告人穆某某在三年内从事肉类经营活动。从业禁止期限从刑罚执行完毕或假释之日起计算。①福建省晋江市人民法院(2016)闽 0582 刑初 3010 号刑事判决书判决被告人罗某犯有污染环境罪,课处相应刑罚,并禁止其自刑罚执行完毕之日或者假释之日起从事机械、汽车配件

---

① 该案中,法院认为,被告人穆某某违反《中华人民共和国食品安全法》的相关规定,经营未经动物卫生监督机构检疫的肉类,经鉴定其销售的肉类不符合食品安全标准,足以造成严重食源性疾病,其行为已构成销售不符合安全标准的食品罪。被告人穆某某系个体零售摊贩,在食品监管部门多次向其宣传、告知的情况下,仍不能严把进货渠道,致使不符合安全标准的食品流入市场,依法应当判处三年以下有期徒刑或者拘役,并处罚金。法院根据该案犯罪的事实、犯罪的性质、情节和对社会的危害程度,综合予以评价,鉴于被告人利用从事肉类经营的职业便利,实施违背职业要求的特定义务的犯罪,为预防再次犯罪,保护公共利益和社会秩序,该案依法禁止被告人穆某某在一定期限从事相关职业活动。依照《中华人民共和国刑法》第一百四十三条、第六十七条第三款、第三十七条之一及《关于办理危害食品安全刑事案件适用法律若干问题的解释》第一条第(二)项之规定,判决如下:一、被告人穆某某犯销售不符合安全标准的食品罪,判处有期徒刑一年,并处罚金人民币 10 000 元(刑期从判决执行之日起计算。判决执行以前先行羁押的,羁押一日折抵刑期一日,即自 2017 年 1 月 22 日起至 2018 年 1 月 21 日止。罚金于判决生效后一个月内缴纳至本院)。二、禁止被告人穆某某在三年内从事肉类经营活动(从业禁止期限从刑罚执行完毕或假释之日起计算)。参见津 0113 刑初 175 号刑事判决书,载中国裁判文书网 http://wenshu. court. gov. cn/content/content? DocID = a1087e9a-09ce-4950-a3ee-a7860080bc0f&KeyWord = 从业禁止。

加工职业,限期三年。①

另一类主体是行政主体,基于法律的规定进行的权利限制,以此作为行业监管和人员管控的一种措施。如《公务员法》第二十四条规定,曾因犯罪受过刑事处罚的人员不得录用为公务员。《律师法》第七条规定,受过刑事处罚(过失犯罪除外)的人员不予颁发律师执业证书。预先将无特定犯罪前科作为行业准入的资格要件,因而将有前科公民排除在外。

2. 权力运作的逻辑基础来自对犯罪人的否定及人身危险性评估

犯罪给行为人带来了"过去""未来"两个维度的评价。一方面,曾经犯罪的经历一定程度上证明了有前科公民在道德品行上存在缺陷,难以匹配部分权利对权利主体的特定要求或者部分行业对从业人员的资格要求。另一方面,有过犯罪行为,表明行为人具有一定程度的人身危险性,比其他人群具有更高的再犯可能性,很可能再次犯罪危害社会。基于这两个论断,公权力介入公民权利领域,抬高部分权利享有和

---

① 该案中,法院认为,被告人罗某在经营机械配件加工厂时,违反国家规定,非法排放含有重金属镍的生产废水,超过国家规定的排放标准15.4倍,严重污染环境,其行为已构成污染环境罪。考虑到被告人罗某因实施违背职业要求的特定义务的犯罪被判处刑罚,根据其犯罪情况和预防再犯罪以及保障社会公众安全和维护社会公众利益的需要,对其予以从业禁止。据此,依照《中华人民共和国刑法》第三百三十八条、第六十七第三款、第三十七条之一第一款、第六十四条和《最高人民法院、最高人民检察院关于办理环境污染刑事案件适用法律若干问题的解释》第一条第(三)项、第(四)项、第四条第一款第(三)项、第十条、第十一条第二款的规定,判决如下:一、被告人罗某犯污染环境罪,判处有期徒刑八个月,并处罚金人民币二万元(刑期从判决执行之日起计算。判决执行以前先行羁押的,羁押一日折抵刑期一日,即自2016年6月3日起至2017年2月2日止。罚金应在判决生效之日起十日内向本院缴纳)。二、禁止被告人罗某自刑罚执行完毕之日或者假释之日起从事机械、汽车配件加工职业,期限三年。三、被查扣在案供犯罪所用的本人财物予以没收,由扣押单位晋江市公安局上缴国库或依法处理。参见(2016)闽0582刑初3010号刑事判决书,载中国裁判文书网 http://wenshu.court.gov.cn/content/content? DocID=57c9a2dc-2152-47f3-86a0-a73d011ea8a0&KeyWord=从业禁止。

行使的门槛,从而导致有前科公民作为权利主体的不适格。

3. 权力运作的方式主要是准入禁止

事先预防性限制中,公权力对有前科公民的限制主要体现为在立法中预设若干权利享有、行业准入条件,而将具有犯罪前科作为一项否定性指标,由行政主体依据有关法律的规定,禁止有前科公民享有特定权利或进入特定行业就业,从而将有前科公民排除在权利主体之外。或者,由法院结合犯罪和犯罪人情况预判再犯可能,一定期限内禁止有特定前科公民在特定行业从业。而一旦由立法或者法院设立了权利限制和准入禁止,则有前科公民即无法成为特定权利主体或在特定行业就业。

基于上述分析,笔者认为,事先预防性限制可以细分为两种法律属性。由法院在刑事审判的过程中一并审查行为人的人身危险性、再犯可能性,附随判决作出的从业禁止,从法律属性上应当是保安处分。当然,由于法律上并未明确保安处分的制度设计,这里的属性更多的是一种应然属性。由行政主体在行政管理的过程中设立的权利门槛和准入条件,从法律属性上是行政许可资格、资质条件的具体设定。《行政许可法》第十二条规定,提供公众服务并且直接关系公共利益的职业、行业,需要确定具备特殊信誉、特殊条件或者特殊技能等资格、资质的事项可以设定行政许可。通过资质、资格的预设,将有前科公民排除在适格主体之外,不得享有和行使特定权利。

(二) 事后管控性限制中的权力运行轨迹

1. 权力运作的主体是行政主体

在事后管控性限制的情境之下,行政主体在行政管理过程中,基于前科这一事实,对公民已经享有的权利或已经取得的资格进行限制或剥夺。

2. 权力运作的逻辑基础来自对犯罪人的否定性评价

事后管控性限制中权力运作逻辑一方面延续事先预防性限制,即认为犯罪人具有人身危险性,出于预防犯罪的需要设定权利享有和行业准入的条件,而一旦出现否定性指标,即使行为人原本已享有的特定权利或已取得的相关资格,亦产生权利和资格受到限制甚至丧失的后果。仍旧以《律师法》为例,《律师法》第七条规定,受过刑事处罚(过失犯罪除外)的人员不予颁发律师执业证书。这属于事先预防性限制。同时,《律师法》第四十九条第二款规定,律师因故意犯罪受到刑事处罚的,由省、自治区、直辖市人民政府司法行政部门吊销其律师执业证书。当原本持有律师执业证书的公民故意犯罪受到刑事处罚后,其已经不再具备《律师法》第七条规定的颁发律师执业证书的资格条件,因而通过事后管控性限制的方式取消其律师执业资格。权力运作逻辑的另一方面是曾经犯罪的经历给行为人带来的规范评价降低,从而导致公权力主体对其产生否定性评价和不信任感。前文案例中警察针对有前科公民的重复检查、盘问正是基于否定性评价,认为有前科的公民是"坏人",有必要对其检查、盘问;基于对有前科公民的不信任感,警察在一次检查、盘问证实无违法犯罪行为后,一而再再而三地进行重复检查、盘问。

3. 权力运作的方式是克减权利、剥夺资格或增加义务

事后管控性限制中权力运作的方式是对有前科公民克减权利、剥夺资格或增加义务。《出入境法》第十二条规定,对于曾因妨害国(边)境管理受到刑事处罚的人员限定一定期限内不准离境,属于对公民权利的限制。《律师法》规定的对于有故意犯罪前科的律师吊销律师执业证书属于剥夺资格。《刑法》第一百条规定的前科报告制度属于对公民增加义务的情形。

基于上述的分析,笔者认为,事后管控性限制可以拆分为两种法律属性。

第一类是对公民权利的限制和公民义务的增加,如限制出境、中止甚至取消被判刑抚恤优待对象的抚恤优待资格属于行政处罚,对有前科公民的检查、盘问属于行政强制措施。

第二类是对公民相关资格的剥夺，如吊销执业证照等，从形式上看属于《行政处罚法》第八条规定的暂扣或者吊销许可证、执照这一行政处罚种类。但结合犯罪的原因又可细分为两种情况：一是因利用职务上的便利产生的犯罪，这一类犯罪行为同时也是违反行业规范和执业规范的行为，对行为人吊销许可证、执照从法律性质上讲是行政处罚。譬如，公证人员收受他人贿赂为不真实、不合法的事项出具公证书，这一行为除了触及刑法外，其执业行为本身就是《公证法》第二十三条所列的禁止行为，并符合该法第四十二条所规定的吊销公证员执业证书的情形。因犯罪被判处刑罚与因违反执业要求被吊销证照是刑事责任与行政责任两个并行责任体系下的刑事处罚与行政处罚。

二是犯罪与职务之间并无关系，由于行业立法在设定行业准入资格条件时已将有特定犯罪前科列为否定性资格条件，犯罪导致了行为人不适格而予以吊销许可证、执照。同样以公证人员为例，《公证法》第二十条规定，"因故意犯罪或者职务过失犯罪受过刑事处罚的"人员不得担任公证员。原本适格的公证员因为故意犯罪或职务过失犯罪而导致其不符合公证行业的准入条件而丧失担任公证员的资格。《行政处罚法》第三条规定的行政处罚对象是违反行政管理秩序的行为，即处罚的对象应当具有现实存在的行政违法行为，而立足于行为人的人身危险性对社会存在可能的危害风险吊销其相关证照，究其本质，应当是对原有合法有效的行政许可因主体不适格后的撤回。《行政许可法》第八条规定了行政许可所依据的客观情况发生重大变化，行政机关为维护公共利益的需要可以依法变更或撤回已经生效的行政许可。即行政主体可以根据客观情况的变化撤回原本已合法有效的行政许可，使其失效。行政许可的撤回包括两种情形，一种是行政许可所依据的法律、法规、规章修改或者废止；另一种情形是颁发行政许可所依据的客观情况发生重大变化。笔者认为，公民原本合法取得的行政许可，因其犯罪前科而丧失法律规定的取得行政许可的资格条件，在此情况下的吊销资格证，实为行政许可的撤回，并使行政许可其后的效力归于消灭。

第四节　限制有前科公民基本权利的比较分析

对有前科公民基本权利进行限制不是这个时代特有的社会现象，也不是我国独有的法律问题。只要存在犯罪就必然会有对犯罪人的惩罚、惩罚尺度以及犯罪的防控问题。各国在立法中也形成了一系列针对有前科公民基本权利限制的规则和制度设计，亦可为我国相关制度设计及完善提供可资借鉴之范例。

一、刑事立法对有前科公民基本权利限制的规则确立

（一）立法中明确基本权利限制的性质

纵观各国的立法例，限制有前科公民基本权利刑事立法模式主要有四种：第一种模式是将基本权利限制的范围框限于资格刑，限制行为人从事特定活动的资格。第二种模式下基本权利限制范围不仅限于限制从事特定活动的资格，而且还涉及财产权、迁徙权、荣誉权等基本权利的限制，这些权利限制被作为附加刑，附随于主刑而适用。第三种模式是将基本权利限制作为主刑或附加刑单独或者附随适用。第四种模式是将基本权利限制作为保安处分进行适用。

1. 纳入资格刑立法例①

比利时《刑法典》的资格刑涵盖了"从事公共官职、公共受雇、公共职位；被选举权；承受勋章或者贵族头衔；担任陪审团成员、鉴定人、公证书见证人、诉讼证明人或者其他在法庭并非单纯提供情况之作证；被

---

① 关于资格刑的概念，刑法学理论上亦存在争论，有名誉刑、能力刑、权利刑、资格刑等多种论称。李斯特以名誉刑来指代对公民公法权利、资格的限制或剥夺。譬如，剥夺犯罪人选举权、公职、身份、头衔、勋章和奖章，在特别时间内失去佩戴州徽的权利，不得参加帝国国防军等。参见李斯特：《德国刑法教科书》，徐久生译，法律出版社 2006 年版，第 441—442 页。作者文中以资格刑来涵盖对犯罪人的权利、资格限制的刑罚。

任命为非其子女的监护人、代理监护人或者财产管理人;担任推定失踪人财产的法定管理人或者受《民法典》第四百九十二条第一款保护人员的管理人;制造、改装、修理、转让、持有、运送、进口、出口、过境中转武器或者弹药,或者在军队中服役"。[①]

2. 纳入附加刑立法例

附加刑的范围比资格刑更为广泛,不仅对公民特定身份、资质资格进行限制,还涉及公民财产权及其他权利的限制。法国《刑法典》第一百三十一条第六款规定了 11 项权利限制事项作为监禁刑之轻罪的附加刑。[②]第一百三十一条第十四款设置了 6 项剥夺权利或限制权利事

[①]　比利时《刑法典》第三十一条规定,在所有判处无期徒刑、终身拘押、10 年至 15 年或者更长期间徒刑的有罪判决中,应当对被判刑人宣告终身剥夺下列权利:1.从事公共官职、公共受雇、公共职位;2.被选举权;3.承受勋章或者贵族头衔;4.担任陪审团成员、鉴定人、公证书见证人、诉讼证明人或者其他在法庭并非单纯提供情况之作证;5.被任命为非其子女的监护人、代理监护人或者财产管理人;担任推定失踪人财产的法定管理人或者受《民法典》第四百九十二条第一款保护人员的管理人;6.制造、改装、修理、转让、持有、运送、进口、出口、过境中转武器或者弹药,或者在军队中服役。在前款所指的有罪判决中,还可以对被判刑人宣告禁止行使投票权终身或者 20 年至 30 年。参见《比利时刑法典》,陈志军译,中国政法大学出版社 2015 年版,第 10—11 页。

[②]　法国《刑法典》第一百三十一条第六款规定,当处监禁刑之轻罪,得宣告下列一项或数项剥夺权利或限制权利之刑罚:1.暂时吊销驾驶执照,最长期间为 5 年;暂时吊销执照得依最高行政法院提出资政意见后颁布的法令规定的限制性条件,仅限于从事职业活动之外驾驶的车辆;2.禁止驾驶特定车辆,最长期间为 5 年;3.撤销驾驶执照,并且最长 5 年期间禁止申请颁发新执照;4.没收属于被判刑人的一辆或数辆车辆;5.依最高行政法院提出资政意见后颁布的法令规定的限制性条件,查封属于被判刑人的一辆或数辆车辆,最长期间为 1 年;6.禁止持有或携带须经许可的武器,最长期间为 5 年;7.没收被判刑人所有或其可以自由处分的一件或多件武器;8.收回打猎执照,并禁止申请颁发新执照,最长期间为 5 年;9.禁止签发支票以及使用信用卡付款,最长期间为 5 年;但出票人为在受票人处支取资金或经鉴证确认的支票除外;10.没收用于或旨在用于实行犯罪之物或犯罪所生之物;但涉及新闻轻罪案件时,不得宣告此项没收处罚;11.如所从事的职业性或社会性活动提供的方便条件被故意利用来准备或实行犯罪,禁止从事此种职业或社会活动,最长期间为 5 年;但该禁止事项不适用于因选举产生的任职或履行工会职责,亦不适用于新闻轻罪案件。参见《法国新刑法典》,罗结珍译,中国法制出版社 2003 年版,第 13—14 页。

项作为违警罪的附加刑。①第一百三十一条第十六款规定了5项权利限制事项作为惩治违警罪的附加刑。②权利限制的种类主要包括一定期限内暂时吊销驾驶执照、禁止驾驶特定车辆、撤销驾驶执照并一定期限内禁止申请颁发新执照、没收、查封车辆、禁止持有或携带武器、没收武器、收回打猎执照、禁止签发支票及使用信用卡、没收与犯罪相关财物、禁止从事特定职业。权利限制的范围主要聚集在特定资质资格事项(车辆驾驶、武器持有、打猎执照)、特定行业准入以及没收、查封车辆或财物。

3. 纳入主刑或附加刑立法例

譬如,西班牙刑罚体系(主刑、附加刑)中包括了剥夺自由刑、剥夺其他权利刑和处罚金刑。重刑除了包括较长时间的徒刑外,还包括了"完全剥夺权利;一定期限内剥夺特别权利、剥夺担任公职、从事职业或相当任务的权利、剥夺驾驶机动车的权利、剥夺持有、装配武器的权利、剥夺特定地点居住和迁徙自由、禁止接触或联系被害人、其家属及法

---

① 第一百三十一条第十四款规定,所有第五级违警罪,得宣告下列一种或几种剥夺权利或限制权利之刑罚:1.暂时吊销驾驶执照,最长时间为1年。暂时吊销驾驶执照得仅限于从事职业活动之外驾驶车辆;2.查封属于被判刑人的一辆或数辆车辆;3.没收被判刑人所有或其可以自由处分的一件或多件武器;4.收回打猎执照,并最长在1年期间禁止申请颁发新执照;5.禁止签发支票以及使用信用卡付款,最长期间为1年;但出票人为在受票人处支取资金或经鉴证确认的支票除外;6.没收用于或旨在用于实行犯罪之物或犯罪所生之物;但涉及新闻轻罪案件场合,不得宣告此项没收性质的处罚。参见《法国新刑法典》,罗结珍译,中国法制出版社2003年版,第16页。

② 第一百三十一条第十六款规定,惩治违警罪之条例可以对自然人人犯规定下列一种或几种附加刑:1.暂时吊销驾驶执照,最长期间为3年。暂时吊销驾驶执照得仅限于从事职业活动以外驾驶车辆;2.禁止持有或携带须经批准的武器,最长期间为3年;3.没收被判刑人所有或其可以自由处分的一件或多件武器;4.收回打猎执照,并最长3年期间禁止申请颁发新执照;5.没收用于或旨在用于实行犯罪之物或犯罪所生之物。参见《法国新刑法典》,罗结珍译,中国法制出版社2003年版,第16页。

院、法官认定的其他人、剥夺亲权"。①较重刑涉及的权利限制事项相较于重刑在时间限制上相应缩短，并增加了"剥夺其从公共部门获得公共补贴或公共救助，以及获得财政或社保机构的福利、补助的权利，无论其是否丧失期限"一项。轻刑涉及的权利限制事项相较于较重刑在时间限制上进一步缩减。俄罗斯联邦《刑法典》中规定"限制军职仅可作为主刑使用，剥夺担任一定职务或从事某种活动的权利既可作为主刑适用，也可作为从刑适用。剥夺专门称号、军衔或荣誉称号、职衔和国家奖励只能作为从刑使用"。②匈牙利《刑法典》将从业禁令、驾驶禁令、居留禁令、体育活动参与禁令作为特有的刑罚种类，同时，在处以拘留刑罚时，禁令可替代或附加适用。③

4. 纳入保安处分立法例

有的国家将对犯罪人一定期限的权利、资格限制作为一项保安处

---

① 西班牙《刑法典》第三十二条第二款规定，重刑包括：1.超过五年的徒刑。2.完全地剥夺权利。3.剥夺特别的权利五年以上。4.剥夺担任公职从事职业或相当任务的权利五年以上。5.剥夺驾驶机动车或两轮机动车的权利八年以上。6.剥夺持有、装配武器的权利八年以上。7.剥夺在某特定地点居住或去往地的权利五年以上。8.禁止接触被害人、其家属、法院和法官认定的其他人五年以上。9.禁止联系被害人、其家属、法院和法官认定的其他人五年以上。10.剥夺亲权。参见《西班牙刑法典》，潘灯译，中国检察出版社2015年版，第15页。

② 俄罗斯联邦《刑法典》第四十五条规定，1.强制性社会公益劳动、劳动改造、限制军职、限制自由、拘役、军纪营管束、一定期限的剥夺自由、终身剥夺自由、死刑仅可作为主刑适用。2.罚金和剥夺担任一定职务或从事某种活动的权利既可作为主刑适用，也可作为附加刑适用。3.剥夺专门称号、军衔或荣誉称号、职衔和国家奖励只能作为附加刑适用。参见《俄罗斯联邦刑法典》，黄道秀译，北京大学出版社2008年版，第18页。

③ 匈牙利《刑法典》第三十三条第一款刑罚包括：1.监禁，2.拘留，3.社会服务令，4.罚款，5.从业禁令，6.驾驶禁令，7.居留禁令，8.体育活动参与禁令，9.驱逐出境。第二款附加刑罚包括禁止参与公共事务。第三款刑罚（除第五、六款中规定外）可以彼此同时判处……第五款如果本法律要求对所涉犯罪行为处以拘留刑罚，则作为该项刑罚的替代或与该项刑罚同时还可判处社会服务令、罚款、从业禁令、驾驶禁令、居留禁令、体育活动参与禁令或驱逐出境等刑罚的一项或多项。参见珀尔特•彼得主编：《匈牙利新〈刑法典〉述评》，郭晓晶、宋晨晨译，上海社会科学院出版社2014年版，第171—172页。

分措施。譬如葡萄牙《刑法典》第一百条、第一百零一条规定了不剥夺自由的保安处分,其类别包括了禁止从事相关业务、吊销或者禁止授予机动车驾驶资格。

（二）立法中明确基本权利限制依据

至于基本权利限制的依据问题,存在两种模式:一种是在刑法典总则或分则中直接予以明确规定。譬如葡萄牙《刑法典》确定了权利限制的一个基本原则"任何刑罚都不具有使民事权利、职业权利或者政治权利丧失的必然效力",这是权利保障和权利限制的一般原则。特殊情况下,确需限制权利或资格时,则通过法律来予以规定。①另一种模式则是依赖其他法律予以规范。譬如法国《刑法典》中规定,暂时吊销驾驶执照的依据是"最高行政法院提出资政意见后颁布的法令规定的限制性条件"。②虽然对资质、资格限制被设定为一项刑罚措施,但是在适用条件上依赖于其他法律的专业性判断。

（三）立法中明确基本权利限制期限

除了特殊情况,一般而言,对于基本权利的限制都是有时间限度的。在权利限制的时间限度上有两种模式:一种模式是确立权利限制的基本幅度。譬如蒙古国《刑法典》规定,禁止担任一定职务和从事特定职业的时间范围为 1 到 5 年。在这个时间幅度内裁定权利限制期间。③第二种模式是对应罪名、罪行和适用的主刑确定权利限制的时

---

① 葡萄牙《刑法典》第六十五条,一般原则:1.任何刑罚都不具有使民事权利、职业权利或者政治权利丧失的必然效力。2.法律可以规定对某些罪犯适用禁止行使某些权利或者从事某些职业。参见《葡萄牙刑法典》,陈志军译,中国人民公安大学出版社2010 年版,第 29 页。

② 参见《法国新刑法典》,罗结珍译,中国法制出版社 2003 年版,第 13 页。

③ 蒙古国《刑法典》第四十八条规定,禁止担任一定职务和从事特定职业是指依照本法典分则规定,限制犯罪人在 1 年到 5 年内不得担任一定职务和从事特定职业和其他活动的一种刑罚。禁止担任一定职务和从事特定职业作为监禁或徒刑的附加刑适用的,其刑期从主刑执行完毕之日其计算。参见《蒙古国刑法典》,徐留成译,北京大学出版社 2006 年版,第 12 页。

间。譬如法国《刑法典》中规定,作为当处监禁刑的轻罪附加刑与作为第五级违警罪的附加刑因主刑轻重不同而在权利限制的时间上有所不同,前者的权利限制期限长于后者。同为暂时吊销驾驶执照,前者最长期间为 5 年,后者最长期间则为 1 年。

（四）立法中明确基本权利限制适用规则

在刑事立法中明确权利限制的适用规则:第一,限制并科适用的范围。譬如,法国《刑法典》规定对于当处监禁刑之轻罪所宣告的剥夺权利或限制权利之刑罚可以并科宣告,但此种刑罚不得与从事公共利益劳动之处罚并科宣告,而前述的剥夺权利或限制权利之刑罚不得与监禁刑并科宣告。此外,还有许多诸如此类的并科适用规则。第二,限定基本权利限制适用的范围。明确权利、资格的限制与制止和预防犯罪紧密相关,有其相对应的适用情境。譬如,西班牙《刑法典》中规定的剥夺在某地定居或去往某地的权利,其中的"某地"明确限定为"犯罪实施的地点或受害者或其家人居住的地方",而不是普遍地、抽象地剥夺居住权和迁徙权。

二、专门法案中对有前科公民基本权利限制的规范

（一）以就业平等保护为出发点的"Ban the Box"法令

在美国,有 7 000 万成年人有逮捕或犯罪记录,而 90% 的雇主会对求职者进行背景调查。有前科公民的权利限制现象在美国也是一个十分突出的问题。公民被判刑入狱或支付罚金之后,犯罪记录标记仍将长期跟随着他。有犯罪记录的公民在社会和民事领域被排斥或取消资格,包括投票、公共福利、职业许可、公共住房、获取武器、获得公共援助、学生的经济援助,其中尤以就业问题十分突出。雇主在作出是否雇用的决定之前,有权考虑应聘者的犯罪记录,然而,如果在工作申请之时——就业招聘的起始阶段即披露犯罪记录信息,雇主将不再考虑应聘者其他方面的能力素质而直接回绝应聘者。这样就导致了有犯罪记录的公民在就业应聘时成功率十分低下。①

　　由于在就业领域中大量存在针对有前科人士的不平等和歧视问题。20世纪90年代末期,夏威夷州发起了"Ban the Box"运动(夏威夷于1998年出台了相关规定)。支持者认为越来越多的美国人有犯罪记录,尤其是毒品类犯罪,并且"9·11"恐怖袭击以后高失业率和持续增长的背景调查导致有犯罪记录的人找工作十分困难。②2004年由曾被监禁的人士组成的"All of Us or None"组织发起一项覆盖全美的民权和人权运动——"Ban the Box"运动,这项运动的首要目的是消除社会上存在的针对有前科人士的结构性歧视。它禁止雇主在求职申请阶段对求职者进行是否有犯罪记录的背景调查。如果雇主必须了解求职者的犯罪历史,他们可以在后续的招聘程序中询问犯罪记录情况。"Ban the Box"法令降低了有犯罪记录的求职者因其犯罪记录而被评价和排斥的可能性。③

　　2015年2月23日,佐治亚州州长签署"Ban the Box"法令,该州也成为第14个出台"Ban the Box"法令的州,④该法令禁止州政府要求求职者在最初的求职申请阶段披露他们的犯罪记录。其目标旨在改善公共安全,促进就业并为有犯罪记录公民提供更多公共就业机会。法令规定,佐治亚州的政府机构应当实施就业政策,鼓励符合条件的有犯罪记录人士充分参与就业,以减少再犯、确保公共安全。"Ban the Box"法令包括:第一,禁止将犯罪记录作为就业的必然阻碍。第二,避免使用不适当的申请表以排除和歧视符合条件的求职者。第三,促进犯罪记

---

①③　Naomi F.Sugie, Criminal Record Questions, Statistical Discrimination, and Equity in a "Ban the Box" Era, Criminology & Public Policy, Volume 16, Issue 1.

②　Harless, William, Ban the Box Laws Make Criminal Pasts Off-Limits, Wall Street Journal. Retrieved 30 October 2013.

④　据"Ban the Box"运动发起人统计,截至2015年8月,已经有超过100个市和郡、18个州,在公共岗位招聘中去除了犯罪历史的询问。

录的准确使用和解释。第四,为符合条件的求职者提供针对不准确信息的申辩机会,可就犯罪记录的内容及相关性进行质疑。第五,法令并不影响对于敏感的政府岗位调查求职者犯罪历史并使有犯罪记录的人立即丧失资格,也并不限制对于这些岗位在求职申请的最初阶段即要求披露犯罪记录信息。[1]2015 年 6 月 10 日,纽约市议会通过了"Ban the Box"法令,严格限制在就业过程中披露犯罪记录。[2]

2016 年 11 月 30 日,奥巴马政府出台了一项规定,禁止联邦政府要求求职者提供犯罪记录直至其被录用。白宫指出,这是刑事司法系统改革的一部分。"Ban the Box"法令确保了有犯罪记录的求职者有平等的机会去竞争联邦政府的工作,它防止求职者在有机会展示他们的才华前被淘汰出局。作为全美最大的雇主,联邦政府为所有雇主——包括公共机构和私营企业提供了范例。[3]

有社会学者作了一个测试,在与雇主未进行个人接触的情况下,如果询问犯罪记录信息,无犯罪记录的求职者有 35 人获得了工作,而有犯罪记录的求职者仅有 12 人获得了工作;如果不询问犯罪记录信息,无犯罪记录的求职者有 33 人获得了工作,而有犯罪记录的求职者有 25 人获得了工作。在此基础上,研究者又进行了另一项测试,在了解了求职者的犯罪记录信息之后,测试与雇主有无私人接触对求职结果的影响。结果显示,在与雇主无个人接触的情况下,有犯罪记录

---

[1]　Mollie Reilly, Georgia Governor Signs "Ban the Box" Order Helping Ex-Offenders Get Jobs, https://www. huffingtonpost. com/2015/02/24/georgia-ban-the-box_n_6746006.html, Oct.10, 2017.

[2]　Christopher Mathias, New York City Council Passes "Ban The Box" Bill Restricting Use of Criminal Records In Hiring, https://www.huffingtonpost.com/2015/06/11/ban-the-box-new-york_n_7561042. html? ir = Black％20Voices&ncid = fcbklnkush-pmg00000047, Oct.10, 2017.

[3]　Dave Boyer, Obama Finalizes Regulation to "Ban the Box" on hiring job applicants with Criminal Records, The Washington Times, November 30, 2016.

的求职者只有 9 人获得了工作,无犯罪记录的求职者有 28 人获得了工作,在与雇主进行过个人接触的情况下,有犯罪记录的求职者有 43 人获得了工作,无犯罪记录求职者有 53 人获得了工作。[①]一方面,有无犯罪记录确实会影响雇主对求职者的判断,从而对雇佣的最后结果产生重要影响,而另一方面,倘若让雇主与求职者进行个人接触,对求职者有一定的了解后再披露犯罪记录信息,将会较大幅度地提高有犯罪记录求职者的求职成功率。"Ban the Box"法令并不禁止在就业过程中审查求职者的犯罪记录,它将一个完整的就业招聘程序分为若干的阶段,它禁止的是过早地在最初的求职申请阶段就披露或要求求职者披露犯罪记录信息,其目的在于保护有犯罪记录的求职者,给予他们公平竞争的机会,让他们得以向雇主展示自己是否胜任工作。

近年来,"Ban the Box"运动也从就业领域发展至大学教育领域。大学管理者认为背景调查有助于他们尽可能多地了解预录取学生,采取有效措施确保校园安全。而反对者则认为对预录取学生进行是否有犯罪史调查是一种过度的干预,并且伤害了特定的学生群体。更有观点认为,学校询问申请者的犯罪历史,是以牺牲教育机会为代价来换取校园安全。[②]2016 年 9 月 14 日,纽约州立大学科特兰学院的董事会投票通过了"Ban the Box"法令,不再要求申请入学者披露之前的重罪定罪信息。相反,学生只有在申请校内住房或者参加临床、野外实践、实习或者留学计划时,才被要求事后披露重罪定罪信息。正如纽约州立大学学生大会决议建议:犯罪历史的审查只有当学生录取了才可以实

---

① 该项测试的具体设计及测试过程详见 Devah Pager, The Mark of a Criminal Record, American Journal of Sociology Volume 108 Number 5, pp.965—966。

② Juleyka Lantigua Williams, "Ban the Box" Goes to College, https://www.theatlantic.com/politics/archive/2016/04/ban-the-box-comes-to-campus/480195/, Oct. 10, 2017.

施,并且犯罪记录不能被用来撤销录取。①"Ban the Box"法令限制的是在大学招生录取阶段事先对申请者进行犯罪记录查询,并以此来拒绝有犯罪记录的申请者,从而保护有犯罪记录者享有平等受教育的权利。当然,在入学后的管理中,在特定事项上,学校仍可要求学生提供犯罪记录信息。由此,将犯罪历史的调查从事先管控调整为事后管控,从普遍性管控调整为重点事项的管控,限缩了犯罪记录的适用范围以及对学生的可能影响。

（二）对有特定犯罪记录人员的管控:梅根法（Megan's Law）

有的国家在立法中对特定种类犯罪人员的权利进行针对性限制。较为典型的一个犯罪类型是性犯罪。美国建立有较为完善的性犯罪记录制度,在其发展过程中,有两次立法高潮,一次是20世纪30年代至60年代,以性犯罪的登记制度为主要的立法内容,另一次立法高潮是20世纪90年代至今,立法侧重于建立犯罪记录的公告制度,完善登记制度,并构建相应的执法配套制度。②

1994年,美国国会通过了一项法案,要求各州完善罪犯登记制度,列明性犯罪者的住址（《雅各布·韦特林儿童和性暴力犯罪登记法》,1994年）,这部法以一个11岁的男孩命名,他于1989年在明尼苏达州被绑架,该案至今未破。作案嫌疑人可能是一名有性犯罪史的人。雅各布的父母倡议制定一项政策,便于执法机构追踪已知的性犯罪者,从而提高迅速逮捕嫌疑人的能力。③

---

① SUNY Board Votes to "Ban the Box" Following Student Assembly Recommendation, https://www.suny.edu/suny-news/press-releases/september-2016/9-14-16-ban-the-box/suny-board-votes-to-ban-the-box-following-sa-recommendation-campus-visits.html #, Oct.10, 2017.

② 参见刘军:《性犯罪记录制度的体系性构建——兼论危险评估与危险治理》,知识产权出版社2016年版,第170页。

③ Jill S.Levenson, David A.D Amora, Andrea L.Hern, Megan's Law and its Impact on Community Re-Entry for Sex Offenders, Behavioral Sciences & the Law, Vol.25 Issue 4, p.587, Jul.2007.

同样在 1994 年,7 岁的女孩梅根(Megan Kanka)被性侵后杀死,凶手杰西(Jesse Timmendequa)曾两度犯有性侵罪,并与另外两名有性侵犯罪史的人同住在新泽西州汉密尔顿镇一幢离梅根家不远的房子里。梅根案震惊了美国社会,也进一步推动了针对性犯罪者的管控立法。梅根案成为受害者权益保护运动者的焦点,他们抨击政府在惩治性犯罪上的工作。这些群体在媒体的显要位置,将问题框定为州政府不能控制性侵者,并且不愿授权公民保护自己,这没有站在孩子父母的立场。①韦特林法被修订,允许向公众直接发布性犯罪登记信息。②几个月之后,1994 年 10 月 31 日,明尼苏达州立法机关出台了一部被称之为"梅根法"的法律。"梅根法"是明尼苏达州立法机关于 1994 年秋季推行的综合性法律改革的一部分。新的法律体系下,当精神科医生判定释放罪犯会对罪犯自己或他人产生危险时,允许对刑罚执行完毕的严重性犯罪者,诸如严重暴力性犯罪者发布民事禁令。"梅根法"规定了犯罪人重返社区的警示制度,要求检察官根据罪犯的危险等级进行分类并警示相应范围内的人员。明尼苏达州的首席检察官要求执法官员考虑三个风险等级。对于"第一等级"(低风险)罪犯,只有释放罪犯所在社区的执法机关才能收到警示。对于"第二等级"(中等风险)罪犯,学校和社区组织与执法机构均应当被警示。对于"第三等级"(高风险)罪犯,通过传单或邮件的方式发布公告,告知整个社区以及前述所提及的相关组织。③

从联邦立法层面,美国建立有较为完善的性犯罪记录登记和公告

---

① Jonathan Simon, Megan's Law: Crime and Democracy in Late Modern America, Law & Social Inquiry, Vol.25 Issue 4, p.1135, Fall 2000.

② Jill S.Levenson, David A.D'Amora, Andrea L.Hern, Megan's Law and its Impact on Community Re-Entry for Sex Offenders, Behavioral Sciences & the Law, vol.25 Issue 4, p.587, Jul.2007.

③ Megan's Law: Community Notification for the Release of Sex Offenders, Criminal Justice Ethics, Vol.14 Issue 2, p.2, Summer/Fall 1995.

法律体系,除了前文提及的《雅各布·韦特林儿童和性暴力犯罪登记法》外,还包括了《帕姆·林彻尔性犯罪人追踪与身份识别法》(1996年)、《雅各布·韦特林修正法》(1997年)、《校园性犯罪防止法》(2000年)、《为终止儿童剥削的检诉救济以及其他方法法令》(2003年)、《亚当·沃尔什儿童保护与安全法》(2006年)、《排除性侵害犯罪人利用网络法》(2008年)。[①]在州立法层面,美国50个州都制定了性犯罪者登记法,有的称之为"梅根法",有的则以本州受害儿童命名。

"梅根法"及一系列的性犯罪记录登记和公告立法引起了美国社会激烈的辩论。有的人认为"梅根法"能够帮助父母保护未成年人权益,降低针对未成年人的犯罪,尤其是性犯罪,有助于维护社区安全。有的人认为"梅根法"在短时间内出台是迫于受害人权益保护运动的压力,在这个过程中受害人权益保护运动挟持了立法。批评的声音认为"梅根法"侵害了有性犯罪记录公民的宪法权利,违反了美国宪法第八修正案,规定了残酷和不同寻常的刑罚,并且也违反了美国宪法第十四修正案正当程序条款。[②]挑战此类法案的合宪性问题是宪法诉讼的经常性主题之一。

挑战一:法律的溯及力问题。"梅根法"一出台,性犯罪者登记和公告的相关法律的合宪性问题即被诉至联邦法院。1995年2月,纽瓦克市所在的联邦地区法院审理了奥特威案[③],该案中涉及一名在监狱服刑7年的性犯罪者,法院推翻了公告法律的部分条款,因为原犯罪行为在法案生效之前即已发生。但是,地区法院认为登记法律是合宪的。该案于1996年4月12日上诉至第三巡回上诉法院,法院确认新泽西州登

---

① 参见刘军:《性犯罪记录制度的体系性构建——兼论危险评估与危险治理》,知识产权出版社2016年版,第179—184页。

② Megan's Law: Community Notification for the Release of Sex Offenders, Criminal Justice Ethics, Vol.14 Issue 2, p.2, Summer/Fall 1995.

③ Artway v. Attorney General of New Jersey, 876 F.Supp.666(D.N.J.1995).

记法合宪。上诉法院推翻了地区法院关于公告法律的判决,认为对公告问题进行司法审查时机并不成熟,因为,奥特威没有被评估,也未被配置特定的公告类别,并且也没有充足的事实表明他的信息已经被公告。贝克法官指出,不能将异常的、困难的和事实敏感的决定视为惩罚,(法案中)三个条款的核心问题是怎样适用公告,并且公告对奥特威(以及与他处境相似的人)会有什么影响。他补充指出,奥特威提出的公告构成惩罚的诉讼主张是很有说服力的,但是法院还不适宜进行司法审查。[1]

挑战二:正当程序问题。1997年7月,陪审团裁定唐纳德·威廉姆斯有罪,因其性侵一名9岁男孩。在定罪判决后,法院下令根据宾夕法尼亚州"梅根法"对威廉姆斯进行评估,该法要求由专家组成的委员会对所提交的性犯罪人员评估其"性暴力犯罪"的可能性(SVP)。依据该法,法庭根据专家委员会的调查结果召集了一个听证会以判定犯罪人"性暴力犯罪"的可能性状况。犯罪人被判定为高可能性,并且符合加重处罚条件,除非他有明确的和令人信服的证据证明他不具备高可能性。在听证会之前,威廉姆斯请求特别救济,对该条款的合宪性提出了挑战,认为该法加重处罚的规定违反了宪法第十四修正案正当程序条款。法庭未启动"性暴力犯罪"的可能性评估程序,该案直接上诉至宾夕法尼亚州最高法院。哲帕法官阐述了大多数意见。他设置了推翻法案的两个根据。首先,大多数意见认为该条款是一个"单独的事实问题",这个问题可能会引起"加重刑事处罚"。根据美国最高法院在斯帕弛案(Specht v. Patterson)中的判决,要求宾夕法尼亚州查明事实必须遵循予被告人"全部相关保护"规则,这是正当程序条款所要求的,包括证据排除合理怀疑。第二,哲帕法官指出,即使不应用合理怀疑标准,正当程序条款也要求宾州必须承担举证责任。法庭认为根据马修案(Mathews v. El-

---

[1] Brooks, Alexander D., Megan's Law: Constitutionality and Policy, Criminal Justice Ethics, Vol.15 Issue 1, p.56, Winter/Spring 1996.

dridge)判决所确立的举证责任合宪的三个标准(在查明事实中的个人利益、与程序有关的错误风险以及转移举证责任中的公共利益),法庭判定该法举证责任的规定合宪性不足。法庭的多数意见认为,该法危及"谋生、家庭安宁以及人际关系"等个人利益。由于依赖于"一个对罪犯可能的未来危险性的主观评价"导致了重大的错误风险。法庭推断州保护市民的利益不足以成为将举证责任加诸犯罪人身上的正当理由。①

挑战三:权利与权利之间的平衡。有评论指出:"曾经犯有性犯罪的人在服刑或缓刑后被判定不再对社会构成威胁,他是否还享有隐私权? 或者公众对于居住在社区中有性侵犯罪记录人员踪迹的知情权优先于犯罪人的隐私权?"②2002年,美国最高法院同时审查了阿拉斯加州和康涅狄格州的"梅根法",以判定它们是否破坏了社区安全与刑罚执行完毕的性犯罪者权利之间的宪法性平衡。这两个"背靠背"审理的案件,引起了执法官员、民主自由主义者以及父母的高度关注。在阿拉斯加州的史密斯案(Smith v.Doe)中,高等法院要考量该州的性犯罪人登记法是否违反了宪法所禁止的对已经执行完刑罚的犯罪人基于同一犯罪行为增加惩罚。在康涅狄格州公共安全部案(Connecticut Department of Public Safety v.Doe)中,法官将评估该州性犯罪人登记名单上的人,宪法是否赋予他们对社区的危险倾向有自我申辩权。被告律师认为,康涅狄格州的法案改变了有性犯罪记录公民的法律权利和地位,却没有给他们反驳"他们是危险分子"的机会。康涅狄格州首席检察官理查德(Richard Blumenthal)则指出,"性犯罪者登记名单是对法院裁判记录的准确反映。向社会成员公开这些公共记录并没有贸然赋予被定罪的性犯罪者一个新的权利等级","污名是由那些犯了罪被定罪的性犯罪者自

---

① Constitutional Law-Procedural Due Process-Pennsylvania Supreme Court Holds Sentence Enhancement Provisions of "Megan's Law" Unconstitutional, Harvard Law Review, Vol.113 Issue 8, pp.2140—2141, Jun.2000.

② Megan's Law in the Balance, Christian Science Montior, Vol.94 Issue 125, p.8, 5/22/2002.

已制造的,并且既没有诽谤也没有侮辱,仅仅是真实和准确的信息"。①

关于"梅根法"的立法及引发的讨论从表面看是性犯罪者登记、公告法律的合宪性以及程序正当性问题,其背后却是社区安全、儿童权益保护与有性犯罪记录公民权利之间的博弈。在这个问题上,司法机关的态度开始较为保守,后有所松动。对于康涅狄格和阿拉斯加两个州的"梅根法"的合宪性审查,最终最高法院以9∶0支持了康涅狄格州法律,而阿拉斯加州法律也以6∶3获得了支持。②这也是美国最高法院第一次支持"梅根法"的合宪性。法院指出,这些措施为保护社会最弱势成员免受犯罪侵害提供了重要帮助。③

(三)针对特定职业、特定基本权利的立法

在立法上对犯罪公民基本权利、资格的限制也存在刑事立法和民事、行政立法两条线。除了刑事立法中将基本权利、资格限制纳入刑罚或保安处分体系进行规范外,在行业立法中,根据行业、职业的特点和要求对有特定犯罪前科的公民设置准入性资格排斥或者基本权利限制。譬如,德国《公务员法》规定,剥夺担任公职资格除了在刑事审判程序中作为刑罚之外,对于犯有特定罪行,或被判处相应刑罚的公务员,丧失公务员权利,判决生效后公务员关系随即终结。④

---

① Richey, Warren, Megan's Law Faces High-court Test, Christian Science Monitor, Vol.94 Issue 245, p.1, 11/13/2002.

②③ Richey Warren, Feldman Linda, Megan's Law Upheld, Christian Science Monitor, Vol.95 Issue 69, p.12, 3/6/2003.

④ 德国《公务员法》第四十一条规定:(一)公务员在正式的刑事诉讼中被德国法院以判决形式:1.因故意犯罪行为被判处一年以上自由刑的,或者2.因故意犯罪行为,依据有关危害和平、叛乱、危害民主法治国家或者叛国和危害外部安全,或者如果该行为与职务行为有关,被判处六个月以上自由刑的,判决生效后公务员关系随即终结。如果担任公职的资格被剥夺,或者根据宪法法院依据《基本法》第十八条作出的裁决,公务员丧失某一基本权利的,相应适用此规定。(二)如果法律未作其他规定,在公务员关系依据本条第一款结束后,相关公务员不得索要薪金和其他待遇。官衔以及授予的与职务有关的称号不得再使用。参见《德国联邦公务员法》,徐久生译,中国方正出版社2014年版,第38—39页。

三、通过判例拿捏"限权"与"保权"的尺度

对公民基本权利的限制是一个多元价值权衡的过程。司法实践中的一些经典判例也为拿捏"限权"与"保权"之间的尺度提供了参考标线。

（一）英国判例中对隐私权与公共利益的平衡

在城市警察委员会案中，①上诉人找了一份操场管理员的工作。雇用她的学校要求警察局提供一份有关于她犯罪记录的证明。警察局向学校披露了相关情况：她曾被指控疏于照管自己的孩子，在社会服务时不肯合作，因此，学校解雇了她。她起诉称警察披露其信息的行为侵害了人权法案中所规定的尊重个人私生活的权利。英国最高法院判决认为：当决定是否披露警察局档案中所包含的求职者的相关犯罪记录信息时，警察必须优先考虑尊重求职者私人生活受尊重的权利。然而，具体到本案的案情，对上诉人的犯罪记录信息与其就业有直接关系，并且学校有权获取这些信息。因此，上诉人私人生活受尊重的权利受到限制，本案中，公开犯罪记录信息的行为不应当被认定为侵害弱势群体权益。上诉应当被驳回。在阐述判决理由时，法官认为，警察应当作"二阶段"分析，并考量如下因素：第一，信息是否可靠并相关；第二，在提供犯罪记录信息时要权衡公共利益与对求职者的可能影响之间的比例。申请需要提供犯罪记录的职位，并不意味当事人同意侵害其隐私权。法官特别指出，实践中，警察在平衡受影响群体的公共利益的保护和《人权法》第八条中权利保障之间的关系的方法存在缺陷，他们确立一个总的推断，即两者冲突时，公共利益普遍优先。第八条并不要求在考量权衡时孰先孰优，所有的利益都应当予以认真的考量，以判断拟公开行为是否符合比例原则。

---

① R(on the application of L)(FC)(Appellant) v. Commissioner of police of the Metropolis(Respondent) UKSC2009/0104.

（二）加拿大最高法院判例中权利限制正当性与前科歧视构成标准的判定

1. 犯罪记录信息是否进入隐私权射程范围？

在理查德法官案（Judge Richard Therrien, Q.C.J. v. The Minister of Justice, et al.）中，一名有犯罪前科公民隐瞒犯罪记录信息通过了法官资格审查并最终任命为魁北克法院法官，后因发现其隐瞒了犯罪记录信息，被撤免其法官职务。①法庭多数意见认为，对上诉人所授予的赦免恢复了他的名誉，但并没有抹去他的过去，不意味他可以否认他的犯罪记录，也并不意味着当（法官）遴选委员会问及他有无犯罪经历时，他可以说"无"。一个可适用的准则是在法庭上的知情人士和普通公众对于法官诚信、正直和公正的信任。因为赦免不能抹杀过去，一个公正的观察者会质疑：曾被判处一年监禁的公民是否能够履行职业道德所规定的职业角色？而公众也会质疑他是否有能力成为一名法官。鉴于罪行的严重性和持续性，应当撤免其法官职务。反对意见来自睿菲

---

① Neutral Citation：2001 SCC 35, Case number：27004.基本案情：1970 年，上诉人因为魁北克解放阵线四名成员提供非法帮助而被判入狱一年。刑罚执行完成后，他继续他的法律学习研究。自 1976 年至 1996 年，上诉人从事法律实践工作，并且在 1987 年，根据《犯罪记录法》的规定，加拿大总督应其申请，赦免了他。1989 年至 1996 年间，上诉人五次提交了司法任命遴选程序的候选人资格。在 1991 年和 1993 年，他披露了此前的犯罪经历，并且陈述他已经得到赦免，由于他有犯罪记录，他的候选人资格被否决。在最后一次遴选程序中，他没有披露犯罪记录，甚至未披露赦免的情况。1996 年 9 月，由遴选委员会推荐，司法部长建议他被任命为魁北克法院的法官。10 月，魁北克法院首席法官和推荐他候选人资格的遴选委员会主席发现上诉人有法律纠纷。他向司法部长陈述了他未向委员会披露犯罪记录信息的情况。司法部部长向魁北克行政法院法官投诉，行政法院的调查委员会确证了投诉，并建议启动免职程序。根据《法院法》规定，行政法院建议司法部部长请求上诉法院启动免职程序。与此同时，上诉人对免职程序提出了反对，并申请最高法院对遴选委员会的调查报告、推荐和行政法院法官的命令进行司法审查，并提出他（行政法院法官）宣布的结果是无效的，要求驳回上诉法院的裁定。与此同时，他也对《法官法》第九十五条的合宪性提出了挑战。1998 年，上诉法院的五名法官向司法部部长提交了一份报告，建议撤销对上诉人的任命。

(Rivet)法官,她认为:"根据犯罪记录法的规定作出的赦免取消了所争议的定罪,由此犯罪记录进入宪章所保护的隐私权的范围。特里恩(Therrien)法官应受魁北克宪章第十八条第二款的保护,该条规定的目的在于防止针对有犯罪史的人的潜在的偏见和歧视。"

2. 区分"判决的民事后果"与"不公正的污名"判定是否构成歧视

在马克钢铁魁北克公司案(Quebec v. Maksteel Quebec Inc.)中,一名公民因犯罪被判入狱 6 个月,但由于判决生效的时间恰好是他休假结束日,由于他未能及时销假上班而被雇主开除并另聘他人,该公民向有关部门提出申诉,认为他被解雇仅仅是因为他犯罪了,这违反了人权和自由宪章的规定。①该案中,法庭多数意见认为:首先,反犯罪记录歧视保护适用于就业领域,并且涵盖的是将犯罪记录作为作出决定和采取行动的唯一理由的案件。如果公民获得了对犯罪前科的赦免,不管犯罪是否与就业存在关联,都应予以绝对的保护。再者,假设犯罪记录与就业之间不存在关联,也应予以保护。事实上,差别待遇是对平等权的侵犯。仅仅因为雇员有犯罪记录,雇主基于"有犯罪记录则不能胜任工作,并且不值得认可"这样一种认知而采取的差别待遇是违反法律的。有必要对合法判决所造成的民事后果与基于犯罪前科所招致的不公正污名进行区分。不公正污名是偏见和刻板印象的产物。最后,判决也附加了公民一定的禁令。相应的,

---

① Quebec v. Maksteel Quebec Inc. Neutral citation: 2003 SCC68, File No:28402.基本案情:1989 年,上诉人被指控犯有诈骗罪,他的判决迟至 1991 年 6 月 26 日才下来,而当时他有一份维修机械师的工作,他被判入狱 6 个月。判决的生效日期恰好与他的假期一致,他的假期于 7 月 10 日结束,雇主于 7 月 15 日解雇了他,因为他未能在 7 月 11 日销假报到。7 月 26 日,他被假释。他试图恢复职位而未成功。他向人权和青年权利委员会申诉,诉称他被解雇仅仅因为他曾经犯罪这一事实,这违反了人权和自由宪章第十八条第二款的规定。魁北克人权特别法庭支持这一申诉,而上诉法院推翻了这一决定。加拿大最高法院否决了上诉,并认为,人权和自由宪章第十八条第二款并不保护雇员因突然入监无法工作而导致的解雇。

如果差别待遇产生于判决的民事后果,则并不违反人权和自由宪章第
十八条第二款。

第五节　聚焦与归因:限制有前科公民基本权利的边界内涵

一、问题的聚焦:边界不清导致权力越界

前文围绕对有前科公民基本权利限制这一议题,以法律文本、现实
中的典型案例为切入点,运用实证分析、规范分析、定性分析、比较分析
相结合的研究方式,对限制有前科公民基本权利的制度设计、现实运行
进行了梳理,对问题和现象进行概览式呈现。

制度设计和现实运行中暴露的问题,从表象上看是立法权、行政权
的恣意和滥用,而实质上,问题的症结是权力的运行欠缺有效的规制,
由此导致公权力非理性扩张,过度干预甚至侵害公民基本权利。更进
一步讲,是权力与权利之间的关系没有平衡、控制好。作为紧密联系的
两个事物,权力与权利之间的边界没有划清,权力越界侵害了有前科公
民基本权利。

基本权利的限制既需要合理性的基础也需要合法性尤其是合宪性
的控制,因而,对有前科公民基本权利不是不能限制,而是怎样限制,限
制哪些权利才合宪、合法? 有必要科学厘清和划定公权力限制有前科
公民基本权利的边界,从源头上构建权力限制权利的基本规则。

二、基本权利的相对性与限制的必要性

在一个法治社会,个人的生存发展始终离不开权利,然而权利享有
的话语体系背后正是权利限制,权利享有与权利限制如影相随,恰如马
克思指出的:"人身、出版、言论、结社、集会、教育和信教等等的自由
(1848 年各种自由权的必然总汇),都穿上宪法的制服而成为不可侵犯
的了……然而总是加上一个附带条件,说明它只有在不受'他人的同等

权利和公共安全'或'法律'限制时才是无限制的,而这些法律正是要使各种个人自由彼此之间以及同公共安全协调起来。"①

基本权利不是绝对的,基于特定事由,在特定情形之下可以对基本权利进行限制,甚至可以说,基本权利限制是一个常见的法律现象。有学者认为:"基本权利的不受限制必然导致社会公益的丧失和基本权利的相互对抗和妨碍。所以,基本权利的限制问题的讨论焦点就转为限制的理由、方式、标准等。"②也有学者认为:"当个人行使基本权利而与他人发生冲突或有潜在冲突时,国家为调和群体生活与个人自由,对个人基本权利即得为一般性的介入而作适当的限制。"③从功能上看,对基本权利的限制旨在保护公共利益,而最终是为了更好地保护基本权利,从限制对象上看,对基本权利的限制直接对象是公民基本权利,而实质上的对象则是国家权力。④陈新民教授更进一步区分了权利限制事由的三种情况:一是限制人权之公益动机,包括防止妨害他人自由、避免紧急危难、维持社会秩序、增进公共利益;二是法律保留原则,即基本权利限制必须以法律为之;三是比例原则,即妥当性原则、必要性原则和狭义比例原则。⑤

很多成文宪法国家在其文本之中对基本权利的限制进行了明确规定。我国宪法对于财产权、人身自由、通信自由等都明确规定了限制的事由、主体或者程序等要素。梳理宪法相关条款,限制公民基本权利的情形有五大类:第一,基于公共利益限制基本权利(第十三条征收征用条款);第二,因依法剥夺政治权利限制基本权利(第三十四条选举权被选举权条款);第三,基于国家安全或追查刑事犯罪的需要限制基本权

---

① 《马克思恩格斯选集(第一卷)》,人民出版社 1995 年版,第 597—598 页。

② 张翔:《基本权利限制问题的思考框架》,《法学家》2008 年第 1 期。

③ 李惠宗:《宪法要义》,元照出版公司 2004 年版,第 96 页。

④ 参见汪进元:《基本权利限制的合宪性基准》,《政法论丛》2010 年第 4 期。

⑤ 参见陈新民:《宪法学释论》,三民书局 2008 年版(修正第六版),第 169—181 页。

利(第四十条通信自由条款);第四,基于维护国家、社会、集体利益和其他公民合法自由、权利限制基本权利(第五十一条);第五,部分基本权利设定了"禁止非法侵害"条款,因而合法的限制则应当是符合宪法精神的,即基于法律规定限制基本权利(第三十七条人身自由条款)。

三、基本权利限制的有限性及限制"边界"

基本权利可以限制并不代表基本权利可以被任何人限制,也不表示基本权利可以基于任何事由,以任何方式、任何手段限制,更不表示任何基本权利都可被限制,基本权利限制具有有限性而不是任意和无度的,亦有相应的限制规则,即权利限制之限制规则,从而将对基本权利的限制控制在一定的范围和幅度之内。由此引发五个问题:一是谁来限制公民基本权利,即基本权利限制的主体问题;二是为什么限制基本权利,即基本权利限制的事由问题;三是可以限制哪些基本权利,即基本权利限制的范围问题;四是怎样限制基本权利,或者说基本权利限制的方式问题;五是将基本权利限制到什么程度,即基本权利限制的幅度问题。本书试图以"边界"一词来涵盖上述五个方面的问题。

(一)"边界"的语义内涵

从语义上讲,"边"是指周缘、四侧,引申为边界、边境。[1]"界"则包含了地域的限隔,引申为极限、事物的分界等义。《后汉书·马融传》:"奢俭之中,以礼为界。"[2]在人文地理学研究中,边界是一个重要概念,它代表了一种"空间秩序和空间关系"。[3]在此基础上,进一步引申,边界是不同事物之间相互隔离与区分的界限,体现的是两个事物之间既相互联系而又相互区别的关系,一方面它标定了特定事物自身所能达到的极限与边缘,使该事物成为独立于其他事物的特定存在,不至于与

---

[1]　《辞海》,上海辞书出版社第六版,第 240 页。
[2]　《辞海》,上海辞书出版社第六版,第 1933 页。
[3]　唐雪琼、杨茜好、钱俊希:《社会建构主义视角下的边界——研究综述与启示》,《地理科学进展》2014 年第 7 期。

其他事物相混淆;另一方面,它又对事物相互之间的关系起着调整和平衡的作用,使一事物区别并关联于其他事物,一事物能够达到的极限必是另一事物不能逾越的领域。

(二)作为平衡权利限制动态关系的"边界"

作为本书研究对象的基本权利限制边界,以权利—权力关系为切入点,关注的是权力对基本权利限制的界限问题,从权力运作上看,这种边界体现为权力介入权利的时间、空间、手段、程序、路径等维度;而反转为权利的视角,意指基本权利自身内部构成所能达到的极值,以及对外部权力限制的抗辩。在此,有两个概念需要进行理论上的鉴别与探讨。

1. 基本权利边界

基本权利边界不是一个有形的、具体的,可以客观感知的物理边界,而是人类思维抽象的制度产物。有学者从基本权利自身的内在构成角度出发,主张基本权利边界是利益、自由的最大限度,认为基本权利边界是指"法律所保护的权利主体利益的最大限度",同时也是"权利主体行使权利的行为自由的最大限度"。[①]有学者从权利与义务关系出发,认为"权利的边界实际便是义务","义务与权利的对立统一关系的重要方面即体现为它们互为界限或边界,既表明彼此的界分,又在这个边界处彼此对接,结合为一个对于社会行为的自由与约制的调整机制整体"。[②]

2. 基本权利限制边界

关于权利限制问题在德国宪法学理论上存在着"内在理论"和"外在理论"之分。外在限制为德国学者科恩所首倡,他认为"权利是一种先于国家、法律而存在的固有事物,由此固有本性反映出的权利范围就

---

① 参见丁文:《权利限制论之疏解》,《法商研究》2007年第2期。
② 参见周占生:《权利的限制与抗辩》,科学技术文献出版社2015年版,第52页。

是权利边界,国家法律可以在权利外部设置限制"。①这一理论下权利与权利限制是两个独立的概念,权利之外存在权利限制。"内在理论不承认先于法律而存在的权利,主张法律规制就是权利边界的基础。权利限制是确定权利的外延或者内容的方法,故而权利必内含限制。"②内在理论、外在理论的分歧一定程度上反映了社会本位和个人本位立场的差异,强调社会本位的立场认为社会利益优先,个人权利在内在构成上是有限的,权利的有限意味着权利的边界,权利主体只能在边界之内享有和行使权利。强调个人本位的立场则认为个人利益优先,个人权利超脱于国家、社会之外,特定情境之下,外力可以介入对权利进行限制。恰如美国学者阿列克西指出的:"如果人们持个人主义立场,则会倾向于外在理论;如果人们更多关注社会本位,则倾向于内部理论。"③对此,有学者忧虑:"内在理论混淆了权利与义务的界限,最后发展为对个人利益和个人权利的彻底否定;而通过对权利的外部限制,可以较好地协调个人利益与社会利益。"④

　　权利的保障、限制与救济是关于权利的一个相互制约也是相互促进的完整体系,即权利必然吁求保障,然而保障并非绝对,因此权利亦可限制,既然权利可被限制,则应赋予权利主体以抗辩和救济的权利,否则权利限制可能过度侵害权利。内在理论认为法律对权利的规范本身就内含着权利的限制,这样一来权利限制不是一个单独的环节,而是内含于权利之中,因而对限制即缺乏相应的救济和抗辩的环节,不无导致权利限制失控之隐忧。从权利保护的角度认识权利限制问题,笔者更为赞同外在理论,并认为,权利限制是外在力量对权利既有内涵、结构、功能、方式等的减损,它与权利自身存在的价值、目标、功能产生了

①　R. Alexy, A Theory of Constitutional Rights, Oxford University Press, pp. 178—179, 2002.

②③　参见周占生:《权利的限制与抗辩》,科学技术文献出版社2015年版,第42页。

④　梁慧星:《民法总论》,法律出版社2001年版,第286—287页。

方向相逆的冲撞。在现实中,往往具体表现为,权利主体在特定时空维度内难以全部或部分享有或行使权利。而对于权利的限制,尤其是权力对权利的限制是有边界的,正如德国学者卡尔施密特指出的:"国家的职能就是保护个人自由,也正是由于这种职能,国家才有理由存在……个人的自由领域原则上不受限制,而国家的干预权原则上是受限制的、可测度的、可监督的。"①

综上,关于基本权利、基本权利边界、基本权利限制边界相互之间的基本架构是:基本权利边界是利益、自由最大限度,基本权利边界划定了某一特定基本权利的疆域范围,由此构成了 A 权利本身,独立并区分于 B 权利。基于此,权利限制即应被视为"是对权利既有边界的压缩"。②

这里,实际上就存在着两道边界:第一道边界是基本权利边界,它勾勒、明晰了基本权利自身存在的范畴。第二道边界是基本权利限制边界,它确立了对基本权利限制可能触及的最大范围。既允许对基本权利进行限制,又对限制进行规制。权利限制是对权利的否定,权利限制边界的设置则是"否定之否定",而最终回归到权利保障的路径之中。由此,构成了基本权利限制边界的基本研究逻辑链。

四、限制有前科公民基本权利边界的基本内涵

对有前科公民基本权利限制的来源和种类是多样的,其中既有来自公权力的限制,也不乏在民事活动领域,其他公民对有前科公民权利的限制,譬如私营企业经营者对有前科公民就业权的限制,在房屋租赁中拒绝出租房屋给有前科公民。本书更多聚焦的是公法领域中,公权力主体对于有前科公民进行的各种基本权利限制。有学者指出:"法律上最重要的现象是权利和权力,最基本的矛盾是权利与权力的矛盾。

① ［德］卡尔·施密特:《宪法学说》,刘锋译,上海人民出版社 2016 年版,第 221—222 页。
② 周占生:《权利的限制与抗辩》,科学技术文献出版社 2015 年版,第 61 页。

法律生活的现实表明,在错综复杂的矛盾中,权利和权力的矛盾处在最基本的地位,主导着其他矛盾的发展变化……这种基础性的、主导的地位体现为公民等社会个体与国家的关系决定性地影响着公民等社会个体相互间的关系和国家机关相互间的关系,其最为集中的表现是,社会全部利益和财富首先必须在公民等社会个体与国家之间划出一定的比例,而这个比例从根本上影响着公民等社会个体之间的利益、财产和权利的分配,以及国家机关之间利益、资源和权力的配置。"①因而,权利—权力关系,以及围绕着这对关系所进行的动态平衡与合宪性控制是研究权利限制边界问题的基本出发点。

由此,也可以说,对有前科公民基本权利限制的边界这一抽象问题一定程度上可以置换为公权力限制有前科公民基本权利的边界问题,边界的两端分别是基本权利限制的合理性与基本权利限制的合宪性控制,围绕这一问题产生三对关系:一是公权力对有前科公民基本权利的限制,二是有前科公民基本权利对公权力限制的抗辩,三是公权力对有前科公民基本权利限制的边界。通过这三对关系的动态博弈、平衡,界分公权力限制有前科公民基本权利的范围、限度、方式、程序、事由等具体维度,探讨公权力对有前科公民基本权利的作用力,及基本权利对于公权力的反作用力。

---

① 童之伟:《法权与宪政》,山东人民出版社 2001 年版,第 173 页。

第三章 边界的一端

——限制有前科公民基本权利的合理性基础

一项法律制度的设计、一个法治现象的产生并不是偶然,都有其扎根于现实土壤的合理性。为什么要限制有前科公民的基本权利?为什么制度如此设计,民众仍安然接受,甚至在一定程度上,只要不过分苛刻,有前科公民自己也坦然承受?这两个问题的回答需要我们抽离现实的制度设计,从法治传统、文化习俗、民众心理、人伦情感、社会现实等方面追根溯源,探寻制度设计的动因及基础,探究为什么要限制有前科公民基本权利,以解决限制的功能效用性问题。

第一节 功能合理性:基于人身危险性的犯罪预防

一、有前科公民的人身危险性是权利限制的逻辑起点

人身危险性是犯罪学研究中一个十分重要的

概念,它表述了行为人犯罪或再次犯罪的一种危险状态。加罗法洛将这种危险状态视为"某人变化无常的、内心所固有的犯罪倾向"。①人身危险性以行为人所具有的反社会的人格为基础,是"人格事实和规范评价的统一"。②李斯特认为,犯罪是个人因素和外界因素共同作用的结果,在此之中,"个人的因素是重要的诱因,即使在微小的外界因素诱发下,根植于犯罪人个性之中的,特有的本性促使其犯罪。粗鲁、残忍、狂热、轻率、懒惰、酗酒、性堕落等逐渐导致其心理变态"。③人身危险性反映了行为人的犯罪倾向,它又可划分为初犯可能性和再犯可能性,前者针对无前科人员,后者针对有前科人员,正是由于行为人存在危害社会的这种人身、人格特征,在外在因素的刺激、诱发下,最终导致了犯罪的发生。从形成过程看,人身危险性是个人、社会等多种因素共同形成的,而一旦行为人形成了反社会人格,甚至犯罪人格,倘若没有教育、矫正、治疗等外在措施的强力影响,这种人格将长期、稳定存在。

对有前科公民这一群体来说,一方面在前次犯罪中已经暴露出人身危险性,而另一方面,经过规范性或非规范性的刑罚、教育、矫正等措施之后,有前科公民的人身危险性是否就此消灭或大幅降低? 这个问题的回答应从纵向、横向两个坐标来分析。从纵向维度,与自身相比,人身危险性可能已经很大程度地减少,但是,从横向维度,与社会上无犯罪经历的普通人群相比,有前科公民的人身危险性仍然相对较高,最为集中的表现在这一群体较高的重新犯罪率。

从统计数据上看,李斯特在其著作中提及了 1880—1881 年第一季度普鲁士的犯罪统计数据:"因犯重罪或者轻罪被判刑收监的犯人中,以前曾经被判过刑的占入监犯人总数的 76%,占犯人总数的 64%。"而

① [意]加罗法洛:《犯罪学》,郭建安译,中国大百科全书出版社 1996 年版,第 96 页。
② 陈兴良:《刑法哲学》,中国政法大学出版社 1997 年版,第 139—140 页。
③ [德]冯·李斯特:《德国刑法教科书》,徐久生译,法律出版社 2006 年版,第 12 页。

李斯特本人的统计,在 7 033 名重新犯罪者中,82％是两次及两次以上入监,其中 27％甚至六次及六次以上入监……①而对多个监狱的统计表明,重新犯罪人数还在不断增长。龙勃罗梭在对 41 455 名被意大利普通法院判刑的人的数据进行分析后发现,其中 1 617 人是累犯……他还提及了英国的一组数据:1871 年有 160 934 人被拘捕,其中 37 884人是累犯,占总数的 38％。②巴奈特(Barnett)等人于 1987 年使用复杂的数学模型对定罪与重新犯罪之间的关系进行专门研究,他们的研究结果表明,"对于经常的犯罪者而言,其重新犯罪的可能性达到 0.9,而对于偶然犯罪者而言,其重新犯罪可能性则是 0.67"。③我国司法部预防犯罪与劳动改造研究所与原司法部劳改局联合对刑满释放人员在1986—1990 年连续五年进行抽样调查。五年调查的成年刑满释放人员为 137 404 人,平均重新犯罪率是 5.19％。1990—1996 年重新犯罪率增长了 4.76％,平均每年递增率是 5.16％。1996 年重新犯罪率是11.0％。④此后,虽然没有系统性、全国性的官方数据发布,但是,针对特定地区、特定群体重新犯罪的调查研究一直在开展。譬如,福建省政法委组织相关学者开展的福建省重新犯罪问题研究课题,数据显示,1995—2005 年十年间,福建省监狱在押犯中重新犯罪人员平均占比为10.79％,最高达 13.1％,最低为 9.5％。⑤国外理论界也十分关注重新犯罪问题的实证调研。然而,由于统计口径的差异,数据也呈现出较大的差异。美国司法部公布的数据显示:"美国具有重罪前科的人数超过1 200 万人,约占整个劳动力人口的 8％。在当前被释放的 200 万名罪

---

① 参见[德]冯·李斯特:《论犯罪、刑罚与刑事政策》,徐久生译,北京大学出版社 2016年版,第 32—33 页。

② 参见[德]冯·李斯特:《论犯罪、刑罚与刑事政策》,徐久生译,北京大学出版社 2016年版,第 88—89 页。

③④　参见翟中东:《关于重新犯罪防治政策调整的思考》,《法学家》2009 年第 2 期。

⑤　欧渊华、陈晓斌、陈名俊:《福建省刑满释放人员重新犯罪问题研究》,《福建公安高等专科学校学报》2007 年第 3 期。

犯中,将近 2/3 的人因犯罪受到指控,超过 40％的人会在释放后 3 年内再次进监狱。[1]英国 2003 年的重新犯罪率高达 57.6％。"[2]事实上,有些国家,由于对犯罪概念的界定较为宽泛,入罪的门槛较低,导致社会上有犯罪前科的人员比例更高。

统计数据揭示的一个规律是,曾经犯过罪的人很有可能重新犯罪,这种概率大于普通人群,因此,有必要采取相应的措施,对犯过罪的人予以更加严密的管控,诸如消除其进入犯罪高危情境的机会,管控其进行犯罪的工具、手段,打消其犯罪的便利条件,从而实现减少犯罪的功能预设。现代社会中,权利对公民的经济、社会、个人生活影响十分重大,通过限制有前科公民的特定权利进而实现对这一人群的有效管控,以此减少犯罪的机会和渠道。可见,有前科人员所具有的较为严重的人身危险性是限制其基本权利的逻辑起点。正如福柯所说:"通过庄重地把犯罪纳入科学知识的对象领域,它们就给合法惩罚机制提供了一种正当控制权力:不仅控制犯罪,而且控制个人,不仅控制他们的行为,而且控制他们现在的、将来的、可能的状况。"[3]

二、预防犯罪的公共需求构成权利限制的公益基础

从现象上看,犯罪指向的是特定个人或群体,即被害人的人身、财产等权益,譬如,A 杀了 B,侵犯了 B 的生命权,C 偷了 D 的钱包,侵犯了 D 的财产权,但是,犯罪的本质究竟是什么? 人类是一种群居动物,群体生活中必然产生不单单属于单个个体而归于整个群体的公共利益以及维系群体活动秩序的各种规范和规则,"犯罪就是一个国家内有人为了追求自己的利益而对整体社会利益和既定社会制度、社会秩序

---

[1]　Devah Pager,"The Mark of a Criminal Record" 78(5) American Journal of Sociology.转引自彭新林:《论前科与死刑的限制适用》,《华东政法大学学报》2017 年第 2 期。

[2]　参见翟中东:《关于重新犯罪防治政策调整的思考》,《法学家》2009 年第 2 期。

[3]　[法]米歇尔·福柯:《规训与惩罚》,刘北成、杨远婴译,生活·读书·新知三联书店 2012 年版,第 20 页。

的损害"。①犯罪的社会危害性,集中体现在对社会公共利益造成的巨大损坏上。因而,预防犯罪,使社会不再遭受犯罪的侵害,维护公共利益,成为公权力的一项重要职责。限制有前科公民的特定权利,对他们进行管控,从理论上和实践上被认为是一种行之有效的犯罪预防措施。预防犯罪的需要构成了限制有前科公民基本权利的公益基础,但这只是为权利限制提供了一个宏观层面、抽象意义上的道德正当的基础。而如何有效地预防犯罪,则依赖于一套科学精准的犯罪预测体系。

自古至今,人们一直致力于研究探索犯罪现象及其成因,以期发现犯罪的普遍规律,更好地提前预警和预防犯罪。菲利将犯罪的原因归纳为"人类学的、自然的和社会的原因"。②他主张建立预防犯罪的理论并通过那些被称之为"刑罚的替代措施"来预防犯罪。李斯特认为,"犯罪一方面是犯罪人在犯罪时个性的产物,另一方面是犯罪人在犯罪时所处的外部的尤其是经济关系的产物"。③我国传统法律文化中也十分注重超前预防犯罪,韩非提出"故治民者禁奸于未萌"。④贾谊认为:"决恶于未萌,而起教于微妙,使民日迁善远恶而不自知已。"⑤

在理论上,刑法学的研究对象主要可以划分为行为和行为人,前者研究犯罪行为,后者研究犯罪人。行为是已经发生的客观事实,具有确定性,既已发生亦无预防之必要,因而,犯罪预防更多从行为人角度开展,即在未犯罪之前预先对重点人员采取针对性管控措施。

由于一个社会中犯罪类型十分多样,其背后所体现的人身危险性

---

① 杨兴培:《中国刑法领域"法益理论"的深度思考及商榷》,《法学》2015 年第 9 期。
② [意]恩里科·菲利:《实证派犯罪学》,郭建安译,商务印书馆 2016 年版,第 27 页。
③ [德]冯·李斯特:《论犯罪、刑罚与刑事政策》,徐久生译,北京大学出版社 2016 年版,第 9 页。
④ 《韩非子·心度》。
⑤ 贾谊:《治安策》。

也具有很大的差异性。理想的模式应当是准确预判一个人未来犯罪的时间、空间、犯罪对象、犯罪类型等，基于这些要素的预判及时对潜在的犯罪人采取有效措施进行管控，这样才能直击要害，最为精准地使社会免遭犯罪侵害，维护公共利益。然而，一个现实的问题是对哪些人进行管控？如何评判一个人是犯罪高发和高危者？针对哪些权利、利益进行管控？采取哪些管控措施？管控多长时间？这些问题的回答必须基于精准的犯罪预测的基础之上。因此，加拿大学者加博提出，要制定一个精准的标准，以协调"报复性惩罚和功利主义的目标"，这个标准适用所有案件，不仅包括对犯罪惩罚的考虑（如是否有前科），而在不适宜惩罚的情况下，可以帮助决策者作出可靠的犯罪行为预测。[1]

三、犯罪预测的不精准拓宽了权利限制的范围和程度

如何预测犯罪？古代人们通过占卜、天象、预言、算命等方式，将天灾人祸与自然现象相联系来预测未来，推算天灾人祸，这种预测带有强烈的神秘主义和经验主义的色彩，难以准确预知犯罪的发生。刑事实证主义刑法学者从数据统计中寻找犯罪规律。龙勃罗梭对犯罪人的头骨、人体测量、相貌进行分析，从犯罪人的生理特征入手尝试发现犯罪的内在规律。社会学家着力通过对诱发犯罪的社会环境的研究来解释犯罪成因，而医学、心理学则试图通过研究犯罪人异于常人的生理、心理特质找寻犯罪的倾向趋势。

"现代意义上的犯罪预测是 20 世纪 30 年代以来数理统计方法在'个体犯罪预测'领域的应用而发展起来的。"[2]1923 年，瓦纳在马萨诸塞州感化院作假释预测研究后，在美国的伯杰斯和格鲁克夫妇、德国的希德、日本的古益吉夫等学者的研究和推动之下，犯罪个体预测的准确

---

① 参见［加］托马斯·加博:《犯罪行为预测——统计方法》,中国人民公安大学出版社1990 年版,第 1—2 页。

② 孔一:《犯罪预防实证研究》,群众出版社 2006 年版,第 15 页。

率日渐提高。①英格兰、威尔士在 1999 年研发了犯罪分子评估系统（Offender Assessment System，简称 OASys），用来评估、预测犯人重新犯罪的可能性。②我国台湾大学张甘妹教授团队选取了台湾高等法院检察处资料中心自 1979 年 1 月 1 日至 12 月 31 日期间出狱到 1984 年 8 月 31 日为止未再犯者 160 名、再犯者 157 名作为调查样本，开展再犯预测研究。③对人身危险性的评估经历了四代评估工具的发展，形成了暴力风险评估工具［如暴力风险分类（COVR）、历史临床风险-20（HCR-20）、暴力风险评估指导（VRAG）、暴力风险量表（VRS）］、性暴力风险评估工具［如性暴力风险评估草案（RSVP）、性犯罪者需求评估分级（SONAR）、性暴力风险-20（SVR-20）］、一般犯罪风险评估工具［如罪犯群体再犯量表（OGRS）］、青少年风险评估工具［如青少年风险评估男孩版/女孩版（EARL-20B/EARL-21G）］四大种类的人身危险性评估。④

　　随着科学技术的进步，人们越来越注重运用信息技术来研究和预测犯罪。2011 年，美国有线电视新闻网报道，加利福尼亚州圣克鲁兹、洛杉矶警方测试了一款名为"Predpo1"的犯罪预测软件，根据此前犯罪发生的时间、地点，同时参考犯罪有关社会学信息预测犯罪，测试结果表明这款犯罪预测软件具有不俗的预测能力，可大幅降低犯罪率。⑤2014 年 12 月 2 日，英国《每日邮报》报道，德国警方联合科技公司开发了一款名为"Precobs"的犯罪预测软件，软件程序可以预测有可能发生犯罪的时间地点。⑥而众多知名的科技公司如 IBM、SAS 软件研究所、SPSS

---

① 参见孔一：《犯罪预防实证研究》，群众出版社 2006 年版，第 15 页。
② 王品卿：《重新犯罪风险评估量表的编制及其影响因素的实证研究》，闽南师范大学硕士学位论文 2015 年。
③ 参见孔一：《犯罪预防实证研究》，群众出版社 2006 年版，第 34 页。
④ 文姬：《人身危险性评估方法研究》，中国政法大学出版社 2014 年版，第 27 页。
⑤ 孝文：《美警方测试犯罪预测软件可大幅降低犯罪率》，载 http://tech.sina.com.cn/d/2012-07-17/08017395390.shtml。
⑥ 林雪晴：《德国警察受美国电影启发尝试用软件预测犯罪》，载 http://world.people.com.cn/n/2014/1203/c157278-26141884.html。

软件公司、兰德公司都纷纷投入大量资金和人力开发、应用犯罪预测分析软件。国内学者、政府部门和专业机构也在积极开发犯罪预测软件。如浙江警官职业学院黄兴瑞、孔一、曾赟在对715名在押罪犯抽样调查的基础上，将早年不良行为、不良行为模式、犯罪时职业等12项因素作为预测因子，分别制成判刑前、入狱前、服刑中、释放前四种再犯预测表。①北京市公安局怀柔分局与天津工业大学公共危机管理研究所合作研发《犯罪预测时空定位信息管理系统V1.0》(软著登字0542880号)。②

　　然而，测量、统计、数据分析技术在指引我们不断探寻犯罪规律，帮助我们预判犯罪的同时，也存在一些局限。首先，犯罪预测的是趋势，不是事实，是对未来发生事件的预估，因而，这种测量并非精确直击靶点的测量与计算，更多的是在定性基础上的区间估量。其次，预测的基础是数据样本，预测的精准度直接依赖于样本数据的真实、全面，样本数量越大、越真实可靠，得出的预测结果也就越加科学、客观。最后，犯罪本身是一个内外因交互作用的过程，是犯罪人内在固有的心理、行为倾向与诱发犯罪的外在因素相结合的结果。国家宏观刑事法律的调整、特定区域的微观环境、偶发事件都会对犯罪产生影响。人的多样性叠加社会的多元化导致了犯罪原因的复杂，增加了精准预测犯罪的难度，因此，我们尚未建立一套完全精准的犯罪预测体系和工具。恰如有学者指出的，"基于犯罪预测的'社会反应'，是一种博弈甚或试错的过程。无论是针对犯罪现象的整体预测，还是针对犯罪行为的个体预测，对预测结果的利用都需充分考虑预测误差乃至预测失误的可能"。③

---

① 黄兴瑞、孔一、曾赟：《再犯预测研究——对浙江罪犯再犯可能性的实证分析》，《犯罪与改造研究》2004年第4期。
② 阎耀军、张明：《犯罪预测时空定位信息管理系统的构建》，《中国人民公安大学学报（社会科学版）》2013年第4期。
③ 赵军：《"先知"之惑——犯罪预测局限性研究》，《河南公安高等专科学校学报》2010年第6期。

　　打击和惩治犯罪的最终目的在于维护公共利益,两者之间的逻辑关系在于:犯罪——精准预测再次犯罪可能性——精准预判公共利益受损——限制相应的个人权利——超前防止犯罪发生——维护公共利益。而现实中,各类犯罪预测往往是对犯罪某一维度的预测,精准度存在误差,导致了犯罪预测的结果和重要指标,譬如对象是否会再次犯罪、在哪里犯罪、犯什么罪等的预判具有一定的不确定性。这种不确定性带来了公共利益何时受损、受到什么损害、损害程度的不确定性,从而导致了公共利益的模糊和不确定。这种模糊和不确定状态使得出于预防犯罪的目的对有前科公民进行的基本权利限制往往难以与公共利益一一对应和精准对接。基于公共利益受损的忧虑和公共利益优先的考量,为了最大程度地确保社会不受犯罪侵害,公权力更倾向于采取保守和保险的做法,即在可能的情况下由专业机构和人员进行个案化、个体化的较为精准的犯罪预测,确定再犯概率与公共利益可能的受损情况,在此基础上有针对性地限制个人权利;在难以精准预测的情境之下,则事先由立法机关、行政主体对群体性犯罪倾向、犯罪可能性进行预测,在此基础上限制群体权利。法国学者在评述法国刑法时指出,刑事惩罚实用主义的影响下,"立法者增加规定了许多称为附加刑的刑罚,例如,剥夺权利与禁止从事职业。规定这些附加刑的目的,更多的是为了避免将来发生犯罪,而不是惩罚已经发生的犯罪。同样,由行政部门规定采取的各种惩罚措施(吊销驾驶执照、驱逐)也是为了相同目的"。①

　　由此,在对有前科公民基本权利限制的实践中,形成了两种模式。一种模式是在较为精准的犯罪预测基础上针对个案、个体进行的个别化权利限制。我国《刑法修正案(九)》新设的从业禁止即属于此类,由

---

① 〔法〕卡斯东·斯特法尼等:《法国刑法总论精义》,罗结珍译,中国政法大学出版社1998年版,第89页。

权威机构法院基于个案案情、犯罪人个体的再犯可能性进行专业化的犯罪预测，从而对其特定权利进行限制，并且明确限制的范围、手段、期限等关键要素。除此之外，大量的针对有前科公民基本权利的限制主要是第二种模式，即在对犯罪概率、趋势进行区间预测的基础上，预先对群体特定权利进行限制，它包含了两个类别：第一类是通过概括式的立法方式对具有特定前科类型的公民群体的特定权利予以限制，第二类是通过行政行为对具有特定前科类型的公民群体的特定权利予以限制。

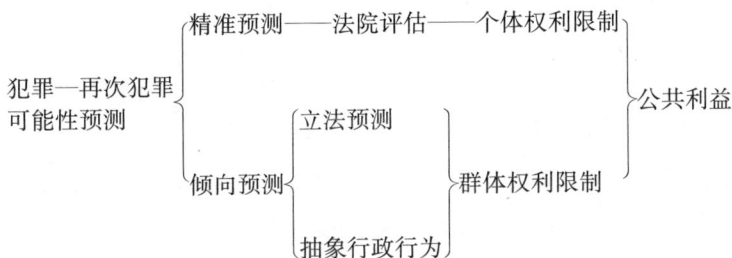

图 3-1　犯罪预测与权利限制关系图

第二节　效益合理性：增加犯罪成本的威慑设置

一、犯罪的成本—收益分析

成本—收益是经济学分析的基本模型。经济学的分析原理和方法也被逐渐引入社会学和法学研究领域，用以分析人们行为之中所蕴含的选择逻辑。理查德·波斯纳教授认为："人们总是理性地最大化其满足度，一切人在他们的一切涉及选择的活动中均如此。"[①]作为理性人，人们几乎作出的每一个行为选择都建构于成本—收益分析的基础之

① ［美］理查德·A.波斯纳：《法理学问题》，苏力译，中国政法大学出版社 2002 年版，第442 页。

上,当人们做出某一行为所获得的收益大于等于其为实施这一行为所付出的成本时,则人们更倾向于做出这一行为,反过来讲,人们之所以做出一定的行为,其所得的收益必然大于其为这一行为所支付的成本。功利主义大师边沁指出:"自然把人类置于两位主公——快乐和痛苦——的主宰之下。只有它们才指示我们应当干什么,决定我们将要干什么。是非标准,因果联系,俱由其定夺。"①他认为人的本性是趋利避害,这也是支配人们一切行为的法则。

犯罪成本的概念有广义和狭义之分,广义的犯罪成本意指整个社会包括犯罪人在内,为犯罪及其后果所付出的各种隐性和显性的代价。从狭义角度看,犯罪成本仅指犯罪人为实施犯罪所耗费和付出的各种人力、物力、财力、智力、时间、机会、心理、情感等成本和代价,这些成本既可能是物质性的,譬如,为实施犯罪而准备作案工具,也可能是非物质性的,譬如,因犯罪而受到各种惩处、错失的各种机会、导致的社会交往困难等。本书探讨的更多是狭义上的犯罪成本。

犯罪决策的过程同样面临犯罪成本—收益的评估与选择,从这个意义上讲,犯罪是犯罪人通过理性计算和衡量犯罪成本—收益而作出的最佳选择,犯罪的发生意味着犯罪人实施犯罪的收益大于其付出的成本,犯罪人通过实施犯罪达到了自身利益最大化满足。犯罪成本—收益的关系对犯罪概率有着十分紧密的影响,因而,增加犯罪人在实施犯罪以及犯罪后所必须承担的成本,使犯罪成本显著高于犯罪收益,让犯罪人得不偿失,从而不愿犯罪,超前威慑有潜在犯罪风险的人,达成预防和减少犯罪的功能预设。

二、限制有前科公民基本权利提高了犯罪的社会回归成本

标签是用来标志目标的分类或内容,便于自己和他人查找和定位自己目标的工具。标签广泛应用于商品存储、票务管理、图书分类等领

---

① ［英］吉米・边沁:《道德与立法原理导论》,时殷弘译,商务印书馆2009年版,第58页。

域。标签具有快速定位、标识分类、方便查找的功能,譬如商品标签能够帮助人们在种类繁多、数量庞杂的商品中快速定位和查找所需的商品。

在社会管理中,贴标签活动是一种重要的社会控制手段,刑事审判中的标签、犯罪人烙印给行为人带来的心理、文化、社会交往上的压力和负面影响,在一定程度上,甚至比国家规范化的定罪科刑更能让行为人恐惧。人们恐惧的不是标签本身,恐惧的是被贴上"犯罪人"标签后被"另眼相看"。当给人贴上某种标签时,社会对个体的角色定型化。

从个体角度讲,一个人如果被公权力机关、社会大众、家人亲友等社会主体贴上"犯罪人"标签,随之带来的后果是对公民人格品行、道德素养、行为能力的社会评价的降低,造成社会对"犯罪人"的不信任、猜忌、警惕甚至羞辱。与司法机关通过刑罚对犯罪人进行否定性评价相区别,"犯罪人"标签带来的否定性评价是社会自发形成的,更为隐秘、持久和弥散。公民一旦被贴上"犯罪人"的标签,在很长时间内甚至是终其一生难以摆脱社会对其的否定性评价,贴标签的过程事实上是对个人"污名化"的过程。恰如戈夫曼在《污记》一书中所说:"在我们的头脑中,他从一个正常而完美的人降到了一个有污点而不可信赖的人。"[1]

从社会交往的角度讲,"犯罪人"标签将社会划分为"犯罪人"与"非犯罪人"两大群体,制造了一个区别于普通公民的社会群体——"犯罪人"群体,他们因为违法的个人历史,而在政治、经济、社会交往活动中处于被排斥和边缘化的状态,被视为异类,甚至打入另册。"基于犯罪标签,人们被分为'可接受'与'不可接受'两大群体,贝克尔用'内部人'和'局外人'来表述这种群体划分。"[2]对"犯罪人"差别性地适用、执行

---

[1]　[美]克特·W.巴克主编:《社会心理学》,南开大学出版社1987年版,第211页。

[2]　Megan C.Kurlychek, Robert Brame, Shawn D.Bushway, Enduring Risk? Old Criminal Records and Predictions of Future Criminal Involvement, Crime & Delinquency, Volume 53 Number 1, p.66, January 2007.

法律、政策,使其在法律权利、社会地位、国家福利等相关权益上受到削减,从而产生不同群体间的差别待遇。

（一）差别待遇始于犯罪行为但并不终结于刑罚执行

"犯罪人"标签给有前科公民带来的差别待遇源自其早先的犯罪行为,正是犯罪行为及其对社会秩序、公共利益带来的冲击和损害给他贴上标签,然而,标签一旦贴上后难以揭除,且也并不与刑罚执行同步终止,这也就意味着"犯罪人"标签带来的差别待遇会越过刑罚而长期存在。在现实中即体现为刑罚执行终结后各种对于有前科公民权利、义务的不利影响长期如影相随纠缠"犯罪人"。

（二）差别待遇削减了"犯罪人"的公民权利

"犯罪人"标签制造了群体区隔,既是区隔,则意味着两个群体之间存在异质性,表面看,两个群体的差异性在于是否有过犯罪经历,而隐于之中的则是公民所享有的权利、义务的差异。相较于普通公民群体,"犯罪人"所享有的权利受到一定程度的削减,而义务却不同程度的增加。

（三）差别待遇增加了公民权利实现的难度

一个值得关注的现象是"犯罪人"标签也使得有前科公民在行使未被限制的权利时,往往会遭遇各种"干扰"和"障碍",增加了权利行使的难度,如相较于普通公民,公权力机关对有前科公民人身财产的检查、监控次数要更加频繁。因此,有前科公民即使享有权利,在实现权利的过程中"犯罪人"也比一般公民遇到更大的阻力。

美国心理学家马斯洛提出的需求层次理论把人类的需求从低层次到高层次概括为五种,依次为生理需求、安全需求、社交需求、尊重需求和自我实现需求,一般来说,某一层次的需求满足或基本满足了,就会追求高一层次的需求,各层次之间的需求相互影响、交互叠加。限制有前科公民基本权利阻碍了人类部分层次需求的满足,尤其是在社交需求、尊重需求和自我实现等较高层次需求上产生满足不能或满足困难,从而增加了有前科公民回归社会、融入社会的社会交往成本。

三、限制有前科公民基本权利增加了犯罪人资源配置成本

特定社会的资源包括经济资源、政治资源、自然资源、社会资源相对于人口和需求的增长来说是有限的，这是社会发展中的一对矛盾。资源的分配制度决定了每个社会成员是否能够、如何获取以及获取多少资源。恰如沃尔泽所说："人类社会是一个分配共同体。"①分配公正关涉社会公正问题，不公正的分配是社会冲突，甚至社会动荡的催化剂，因此，一个健康、稳定的社会必然需要建立相应的分配规则及分配正义体系。

现实的资源分配是各种利益交织博弈的过程，理想的分配正义在这个过程中被调和。霍布斯提出的自然状态下，适用丛林法则，谁拥有暴力谁拥有资源，因此，产生"所有人对所有人的战争"。国家建立后，资源的配置掌握在统治阶层手中，并形成了一整套资源分配的规则。在国家层面，"普天之下，莫非王土；率土之滨，莫非王臣"，封建君主垄断土地、自然资源、社会财富并根据其统治需求设立相应的配置制度。在家族层面，通过长幼嫡庶建立资源分配规则。这恰好印证了休谟提出的命题："正义只是起源于人的自私和有限的慷慨，以及自然为满足人类需要所准备的稀少的供应。"②分配中的正义是人们针对有限的资源进行的有限度的行为安排。现代福利国家通过三次分配来解决分配正义问题：初次分配阶段，在确保机会平等的前提下，适用竞争规则，尊重市场的自发调节来配置资源；第二次分配即再分配阶段，兼顾公平，对在初次分配中处于弱势地位的人群进行优惠倾斜，而对初次分配获得社会资源较多的人群配置相对较少的再分配支出；第三次分配则是社会主体自发对于既有的社会资源分配结果进行进一步调节。

---

① Michael Walzer, Spheres of Justice: A defense of Pluralism and Equality, Basic Books, Inc, Publishers, p.3, 1983.转引自冯必扬：《社会公正新探——基于资源分配的视角》，《江苏行政学院学报》2015 年第 4 期。

② ［英］休谟：《人性论》，关文运译，商务印书馆 2016 年版，第 532 页。

探讨有前科公民在社会资源配置中的问题，我们首先需要厘清三个前提：

第一，历史和现实来看，社会资源是有限的，不可能完全满足所有社会成员所有需求，因此，社会资源就存在着配置及配置正义的问题。

第二，虽然人们一直期望建立一套公平的资源配置机制以最大程度地实现社会正义，并形成了各种理论学说。但是，现实中的资源配置往往不是绝对平等的。我国思想家老子将资源配置的规则划分为天道与人道两个体系，"天之道，其犹张弓欤！高者抑之，下者举之，有余者损之，不足者补之，天之道损有余而补不足。人之道则不然，损不足，奉有余。孰能有余以奉天下？其唯有道者"。老子认为天之道即自然法则倡导的是"损有余而补不足"，而现实社会的分配法则则与之相反，"损不足，奉有余"，拥有权势、财富和资源的人反而能够获得更多的权势、财富和资源。这也与《新约·马太福音》中记载的马太效应相呼应。

第三，社会资源的配置取决于公民个体在资源配置整个体系中的地位，对应于三次资源配置所体现的是公民个体相对于市场、国家和社会的地位。恰如有学者指出分配正义的核心概念是社会应得，"社会应得表示任何人都能够从社会中获得的共有价值或共享资源……社会应得的基础是人在共同体中享有的成员资格，这种资格取决于他在政治、社会和经济结构中的地位"。①

基于这三个前提，有前科公民在社会资源配置中的地位体现在三个方面：

（一）相对于市场的竞争弱者

市场竞争中的就业岗位和经营机会是有限的，失业率实证了一个国家、特定区域、特定周期、特定行业的市场供应与需求之间存在着差

① Zhang Guoqing, Distributive Justice and Social Desert, Social Sciences in China, Vol.37, No.2, pp.61—76, 2016.

距。因此,从客观上说,在供小于求的状态下,雇主拥有更多的选择雇员的余地,在其他条件相同的情况下,雇主更倾向于选择雇用没有前科的人员。从主观上讲,前科的成立以宣告有罪或实际执行刑罚为前提,对实际执行刑罚的人员来说,他们经历过一段时间与社会相隔绝的监禁状态,面对快速发展的社会,在知识、技能、信息、渠道上存在欠缺,更进一步加剧了有前科公民在市场竞争中的弱势地位。

（二）相对于国家的否定性评价对象

刑罚蕴含着国家对犯罪人的否定性评价,其犯罪行为具有社会危害性,其个人存在着人身危险性,在道德品行上存在瑕疵,在思想认知上藐视法律……基于这样的价值评判,国家在调控初次分配时,将有前科公民剔除出部分资源的配置（譬如,认为行为人藐视法纪,因而不允许有前科公民获取关涉公共利益的职业）。

（三）相对于社会的边缘人群

有前科公民是社会生活的"边缘人"。格奥尔格·齐美尔在 1908 年提出了"陌生人"概念,受齐美尔的影响,齐美尔的学生罗伯特·E.帕克提出了"边缘人"的概念,即游离于两种不相容文化之间的人。随着对边缘人群体研究的不断深入,理论界普遍认可的两种边缘人定义:"一是从他所在的社会群体中孤立出去、未真正被他人所接受的人;二是具有边缘人格特征的人。"[1]国内学者根据我国现状,将边缘人群界定为"在社会发展中存在的,无法真正融入主流社会而处于相对边缘状态的人群,此边缘状态表现为经济基础薄弱、自身文化被排斥、政治参与不全和社会地位低下"。[2]在边缘人群体的具体划分上,有学者将劳改劳教释放人员作为社会的边缘群体。[3]有前科公民作为社会的边缘

---

① 　张黎呐:《美国边缘人理论流变》,《天中学刊》2010 年第 4 期。

② 　阿拉坦宝力格、贾爽:《论"边缘人群"》,《财经理论研究》2015 年第 6 期。

③ 　参见李尚敏、朱同丹:《边缘群体问题分析及对策建议》,《江南大学学报（人文社会科学版）》2003 年第 3 期。

群体,远离中心社群,处于为社会主流的文化、价值观和道德规范所疏离、排斥的状态,在由社会主导的第三次分配的过程中自然也处于被忽视的境地。

基于主观(有前科公民本身的能力、素质、品行和原有资源基础)和客观因素(社会资源的有限、资源配置的不平等)的叠加,有前科公民在社会资源配置中处于被排斥的弱势地位。这种排斥恰如曼纽尔·卡斯特所认为的:"是由社会制度和价值架构的社会标准中,某些个人及团体被有系统地排除于能使他们自主的地位之外。"①排斥的结果不仅仅体现为有形的财富量的多少,更重要的在于参与社会政治、经济、文化活动中无形的机会、资格、能力、渠道的欠缺。进而一方面导致有前科公民在社会资源配置中获得较少;另一方面导致有前科公民的权利贫困状态,即权利享有的不足。诺贝尔经济学奖获得者阿马蒂亚·森在研究社会排斥问题时指出:"社会排斥本身就是能力贫困的一部分……其次,被隔离于某些社会关系之外可能会导致其他形式的剥夺,因而进一步限制了我们的生活机会。"②

因此,让犯过罪的人在社会资源的配置中处于不利的地位和状态,从而增加其犯罪成本,亦不失为减少犯罪的一种社会控制方式,这种社会控制的制度输出即体现为针对有前科公民的各种权利限制。

第三节　价值合理性：源于民众情感的现实表达

一、限制有前科公民基本权利是集体不安全感的体现

集体情感是一种巨大的感染力量,它深刻影响了社会群体对事物的理性认知和感性情绪,形成一种占据主导地位的心理氛围、价值信

---

① ［美］曼纽尔·卡斯特:《千年终结》,夏铸九等译,社会科学文献出版社 2006 年版,第142 页。
② ［印］阿马蒂亚·森:《论社会排斥》,王燕燕摘译,《经济社会体制比较》2005 年第 3 期。

仰、文化特征和舆论环境。

从犯罪行为的认定和界定看,什么样的行为是犯罪行为? 法国著名社会学家埃米尔·迪尔凯姆认为,"犯罪是一种触犯某些强有力的集体情感的行为,或者反过来说是一种为现时的集体情感所否定和排斥的思想或行为"。[1]这表明,犯罪是违背和冲撞了社会集体情感的行为,譬如,珍爱生命是人类共同的情感,因此,杀人行为会被认定为犯罪。犯罪发生后,社会怎样对待犯罪人? 或者说,社会对罪犯抱有怎样的心理和情感? 对此,贝卡利亚曾说:"尽管实现法律的宽和化对于每个受到严酷法律制约的人都是有益的,然而,一些完全沉湎于最基本感情的人却仍然爱好严酷的法律,因为他们担心受到侵犯的心情比实施侵犯的愿望更为强烈。"[2]贝氏的这段描述十分精准地反映了社会对犯罪的一种自然的心理反应。这种心理投射到有前科公民群体身上,即表现为一种社会身份认同危机。

有前科公民包含了两类人群,一类是被宣告有罪但免于执行刑罚的人员,另一类是刑罚执行完毕回归社会的人员。从法律上讲,他们因犯罪行为所引发的刑事责任已经随着免于执行刑罚或刑罚执行完毕而终结,从这个意义上讲,他们不再是罪犯,与犯罪的联系更多地体现为"前犯罪人"。但是,惯性思维所带来的角色固化并不与法律认知相同步,存在角色更新、角色认同的"滞后期",社会公众自觉将有前科公民与犯罪和犯罪人链接,从而酝酿成一种针对有前科公民的集体情感。限制有前科公民基本权利正是社会恐惧、厌恶、防范,甚至报复"犯罪人"的一种集体情感的现实表达。本书将这些集体情感划分为两类:一类是不安全感,另一类是报复。

对有前科公民的集体不安全感在现实中体现为"疏远""猜忌"两个

<hr>

[1] 许章润主编:《犯罪学》,法律出版社2004年版,第290页。
[2] [意]贝卡利亚:《论犯罪与刑罚》,黄风译,北京大学出版社2014年版,第101页。

方面,并形成了各种权利限制制度设计。

1. 疏远

人类是社会性动物,每一个人都不可能离群索居,而总是处于一定的社群之中,当人类满足生理需求、安全需求之后,社交的需求就显得尤为突出,渴望融入社群,获得他人的接纳、认可,这是从个体需求而言,而从社群角度,则存在一个接纳哪些人进入群体的问题。社会对于有前科公民的集体不安全感的一个表现是疏远,有学者指出,"心理疏远即是脱离交往,脱离人与人之间的相互作用",[1]社会公众不愿或尽量不让有前科公民进入或介入自己的生活、交际圈,或避免在生产、生活、社会交往中接触到有前科人员,害怕与他们建立一定亲密程度的人际关系。譬如,作为业主,不愿意有犯罪前科的人担任保安,这种集体情感体现在制度设计上就形成了国务院《保安服务管理条例》第十七条第二款的规定,曾因故意犯罪被刑事处罚的人员不得担任保安员。又如,部分地方,尤其是较大城市的积分落户政策,对有前科公民的落户进行限制,甚至取消落户资格,体现的是社会主流群体疏远、排斥有前科公民进入其所固有的生存、发展区块的一种集体情感。

2. 猜忌

即"猜疑妒忌"或"对人或事不放心"。[2]猜忌与信任相对应。猜忌的情感从根源上渊源于刻板印象(stereotype),这一术语来源于希腊语,1912 年,美国记者华特(Walter Lippmann)将刻板印象引入社会科学领域,将其界定为:"基于社会文化而形成的,用于简化复杂世界的'大脑中的图画'(pictures in our heads)。"[3]刻板印象是社会心理学研究领域中一个十分重要的概念,在社会生活中,每个人都在不同程度上

---

[1]　陈和华:《论心理疏远与犯罪》,《青少年犯罪研究》1989 年第 3—4 期。

[2]　《辞海(第六版)》,上海辞书出版社 2009 年版,第 210 页。

[3]　参见张晓斌:《个体建构视角下的刻板印象激活》,华中师范大学出版社 2016 年版,第 2 页。

保有对某一群体概括的、固有的、长期的,甚至是顽固的认识和看法,刻板印象一旦形成,很难在短期内消除或扭转,并且对人们的人际交往、群体关系产生影响。社会对有前科公民的刻板印象,将他们与犯罪、恶行和社会的黑暗面相联系,对这一群体的猜忌表现为两个层面的不信任:一是对有前科公民道德品行持怀疑、不信任态度,因此,在制度设计上,对于教师等对道德品质要求较高的职业排斥有前科公民的行业准入,或者在事关荣誉称号的评授、优质社会资源的分配上排斥有前科公民。二是对有前科公民"改邪归正"、重归社会的积极举动持不信任的态度,不信任他们会弃恶从善,基于此,限制或禁止有前科公民掌握公共资源、担任公职,尽量不让有前科公民有机会影响甚至决定社会公众的安全、财富、资源、机会等。表现在制度设计上,对于公务员、公司高级管理人员等掌握较多社会资源的岗位,没有排斥有前科公民的行业准入。

二、限制有前科公民基本权利是对人类报复本能的补偿

（一）作为人类原始本能的报复

报复源于人类的本能,是人们在利益遭遇他人侵害时的一种发自本能的反抗心理和反击行为。它不是"人类智慧的创造","也与人类头脑和国家智慧无关"。[1]在人类社会发展的早期,人们对于他人的侵害行为采取的是以命偿命、以伤抵伤、一报还一报的同态复仇,即用同样的恶来回应他人的恶。恩格斯在《家庭、私有制和国家的起源》一文中指出,"同氏族人必须相互援助、保护,特别是在受到外族人伤害时,要帮助复仇……凡伤害个人的,便是伤害了整个氏族。因而,从氏族的血族关系中便产生了那为易洛魁人所绝对承认的血族复仇的义务"。[2]可见,为自己和氏族复仇是氏族成员责无旁贷的责任。德国刑法学家李

---

[1] 参见[德]冯·李斯特:《论犯罪、刑罚与刑事政策》,徐久生译,北京大学出版社2016年版,第7页。
[2] 恩格斯:《家庭、私有制和国家的起源》,《马克思恩格斯选集(第四卷)》,人民出版社1995年版,第85页。

斯特也指出，"本能中蕴含着狂热性和无节制性。原始刑罚以其巨大的力量面对犯罪人……从肉体上消灭犯罪人，在放逐中将责任人从权利共同体中彻底排除出去……"①

中西方文学中常可见复仇题材的作品，如《基督山伯爵》《呼啸山庄》，主人公历经磨难终得报大仇。中国历史和文学演绎中，复仇的故事亦不少见，伍子胥为父兄报仇不惜倾覆楚国，越王勾践卧薪尝胆终报灭国之仇，赵氏孤儿侥幸免祸成人后为父族复仇，而《水浒传》中亦不乏梁山好汉手刃仇家、快意人生的情节描述。个人复仇的行为往往会引起人们情感上的同情和道德上的认同，受到"英雄""好汉"的称颂。相较之下，被他人侵害而不还手，往往被舆论冠以"懦夫""缩头乌龟"等带有道德嘲讽意蕴的称谓。《礼记·檀弓上》记载子夏问于孔子曰："居父母之仇如之何?"夫子曰："寝苦枕干，不仕，弗与共天下也。遇诸市朝，不反兵而斗。"②意即杀父母之仇，为人子不能与仇人同活于世界上，遇见必须杀了仇人。有学者指出："比较文化学可以让我们了解到，世界各民族复仇意识都有一种共性特征，即原始野性与个体冲动交织的非理性倾向。"③

人类的这种报复本能在早期和原始的刑罚中表现为从肉体上、权利上、经济上严厉惩罚甚至彻底消灭犯罪人。古代巴比伦的《汉谟拉比法典》第一百九十六条规定："倘自由民损毁任何自由民之子之眼，则应毁其眼。"第一百九十七条规定："倘彼折断自由民之子之骨，则应折其骨。"④《摩奴法典》中规定："公然或私下杀死企图进行暗杀的人，毫不构成杀人罪，这是以暴对暴。"⑤对印度具有十分重要影响的《摩奴法

---

① [德]冯·李斯特:《论犯罪、刑罚与刑事政策》，徐久生译，北京大学出版社 2016 年版，第 17 页。
② 《礼记·檀弓上》。
③ 王立:《复仇心态及中国古代文学复仇主题的审美效应》，《求索》1994 年第 5 期。
④ 何勤华、夏菲主编:《西方刑法史》，北京大学出版社 2006 年版，第 60 页。
⑤ [法]迭朗善译:《摩奴法典》，马香雪转译，商务印书馆 2011 年版，第 193 页。

典》提倡的是"以暴制暴"的惩罚模式,认为惩罚正当性的基础在于用惩罚的"暴"来回击犯罪的"暴"。美国历史学家亨利·查尔斯·李的考证研究,1231 年圣伯丁修道院颁行于阿尔克镇的法典条文中规定:"当某人被判处故意杀人罪时,他会被交付给受害者的家人,任由他们宰割。"①这应当是人类报复本能对刑罚最典型和直接的影响。

个人复仇是非理性的、冲动的、充斥着暴力和血腥,同时也是难控的,易于将人们带入无休止的战争中,这与文明社会的规则相冲突。因此,需要规范这种惩罚。贝勒斯指出:"报复心理并非一种理性的感情,因为它只是一种要使那些危害他人的人遭受损害的欲望。它的实际作用仅仅是增加了社会中损害的总量……刑法的发展史就是一种合理的公共惩罚制度逐步替代私人报复的历史。"②

（二）报应主义与功利主义的辩争

当国家形成后,犯罪便不再是对个人的侵害行为,而被认定为是危害社会的行为,在任何时代和社会都存在。有犯罪必然会产生相应的制裁犯罪机制,这就是刑罚。刑罚的正当性问题是国家权力正当性的延展,更关涉对公民权利、自由限制与剥夺的正当性。然而,人们对于什么是刑罚正当性基础这一问题,从未形成过一致认识,众说纷纭,最终形成了报应主义与功利主义两大阵营的长期对峙。

报应论认为犯罪是在道德上或者法律上存在错误的行为,③刑罚的正当性在于它是对犯罪的一种回报,即罪犯对社会有一种"应偿付之

---

① ［美］亨利·查尔斯·李:《迷信与暴力》,X. Li 译,广西师范大学出版社 2016 年版,第 3 页。

② ［美］迈克尔·D. 贝勒斯:《法律的原则——一个规范的分析》,张文显等译,中国大百科全书出版社 1996 年版,第 339 页。

③ 报应论随着人类对世界认识的发展而不断发展,早期报应论将惩罚的正当性归结为神的旨意,即神意报应"替天行道",及至康德提倡道义报应论,认为犯罪在道德上是一种恶,对这种恶应予惩罚,从而为刑罚正当性提供基础,黑格尔基于法意来认识犯罪与刑罚,认为犯罪是对法的否定,而刑罚则是否定之否定,将刑罚作为一种法律制裁。

债",社会则因犯罪的恶行而向其"回索"。①运用刑罚来惩罚犯罪,对实施道德、法律上的恶行进行回报和回击,即犯罪是引发刑罚的原因,而刑罚则是犯罪所导致的必然后果,两者在量上应当是均衡的,刑罚给犯罪人带来的损害应当大致等于犯罪对社会的损害。报应论的代表人物是康德,他追求等量报应,认为刑罚的原则是平等,他指出:"如果你诽谤别人,你就是诽谤你自己;如果你偷了别人的东西,你就是偷了你自己的东西;如果你打了别人,你就是打了你自己;如果你杀了别人,你就杀了你自己。"②黑格尔的报应论认为,犯罪是对法的否定,而对犯罪施加刑罚则是对犯罪的否定,是对犯罪第一强制实施的第二强制,因而"刑罚不过是否定之否定"。③主张通过刑罚惩罚犯罪来实现社会正义。同时,他认为刑罚是一种区别于复仇的报复,"犯罪的扬弃首先是复仇……复仇是一种新的侵害",缺少法官和法律的约束,将复仇作为刑罚的形式,被害人看不到不法质与量的界限,复仇难免过分,重又导致新的不法。④在黑格尔眼中,复仇实现的是"自为地存在的单个的意志",刑罚实现的是"自在地存在的普遍的意志",⑤前者体现的是个人意志,而后者凝聚的是普遍意志,是公意,即黑格尔提倡公力惩罚而反对私力救济。

报应论追求对已经发生的犯罪行为的惩罚,并不注重刑罚对于预防犯罪的作用,"至少在观念上显现出对犯罪的积极遏制性不足而消极惩罚性有余。因此,它往往因为带有保守性而遭到立足于功利性的攻击:无视对社会秩序的保护"。⑥有学者尖锐地指出:"报应刑唯一的一

①　周光权:《法定刑研究》,中国人民大学博士学位论文1999年。
②　[德]康德:《法的形而上学原理》,沈叔平译,商务印书馆2011年版,第172页。
③　[德]黑格尔:《法哲学原理》,范扬、张企泰译,商务印书馆2009年版,第100页。
④　[德]黑格尔:《法哲学原理》,范扬、张企泰译,商务印书馆2009年版,第106—107页。
⑤　[德]黑格尔:《法哲学原理》,范扬、张企泰译,商务印书馆2009年版,第125页。
⑥　邱兴隆:《报应刑的价值悖论——以社会秩序、正义与个人自由为视角》,《政法论坛(中国政法大学学报)》2001年第2期。

个可得利益是满足了受害人报仇或泄恨的愿望(报复心理)。"①

功利主义强调人们应当关注对犯罪人适用刑罚的实际效果,恰如东方传统法文化语境中"杀一儆百""以儆效尤",注重刑罚对社会公众的威慑作用,以及刑罚对犯罪人的改善、矫正作用,即刑法理论中的一般预防和特殊预防。贝卡利亚主张刑罚的目的仅仅在于:"阻止罪犯再重新侵害公民,并规诫其他人不要重蹈覆辙。"②即刑罚的功能不是对已经发生的犯罪的事后惩罚,它的功效更应当在于预防犯罪,在于让其他人不犯罪,在于不让社会再次受到犯罪的损害。李斯特认为刑罚的作用在于"矫正可以矫正和有矫正必要的犯罪人,威慑没有矫正必要的犯罪人,使不能矫正的犯罪人不再危害社会"。③菲利认为,犯罪是一种疾病,刑罚则是治疗疾病的药物,因此,刑罚的功能在于保护社会免受社会疾病的伤害。他的一个论断是:"在人类处于最野蛮的状态下流行只有惩罚规定而没有关于矫正罪犯规定的刑法典。人类文明的逐渐进步将导致与此相反的只有矫正而没有惩罚的观念。"④

功利主义也存在着许多缺陷,有学者总结预防论"致命的弱点是允许惩罚无辜"。功利主义承认刑罚本身是一种伤害,会给人带来痛苦,但只要它能维持或增加快乐,追求社会的普遍幸福,那么它就是正当的。

(三)报复本能与法定刑之间惩罚的缝隙

报应论与功利主义两种理论长期对峙,相互批判,也各有缺陷,有学者尝试将两者融合起来取长补短。时至今日,现代国家的刑法中已经难觅纯粹报应主义或纯粹功利主义的身影。以我国刑法为例,《刑

---

① 　周光权:《法定刑研究》,中国人民大学博士学位论文 1999 年。
② 　[意]贝卡利亚:《论犯罪与刑罚》,黄风译,北京大学出版社 2014 年版,第 36 页。
③ 　[德]冯·李斯特:《论犯罪、刑罚与刑事政策》,徐久生译,北京大学出版社 2016 年版,第 31 页。
④ 　[意]恩里科·菲利:《实证派犯罪学》,郭建安译,商务印书馆 2016 年版,第 5 页。

法》第二条规定了刑法的任务,①蕴含了两层涵义:一是用刑罚同犯罪做斗争,条文将其视作一种手段,然从其实质讲未尝不是一项任务;二是保护国家安全、政治、经济利益,保护公民人身、财产、政治等权利,维护社会、经济秩序,保障社会主义建设事业的顺利进行。第一项任务规定刑罚要与犯罪做斗争,即刑罚的功能在于惩罚犯罪,这体现了报应论刑罚是对犯罪的回击的观点。第二项任务规定刑法要保卫国家和社会、保护公民、保障社会主义事业,即对犯罪人适用刑罚的功能在于保护国家、社会、人民,这恰又体现了功利主义的思想。《最高人民法院关于实施修订后的〈关于常见犯罪的量刑指导意见〉的通知》(法发[2017]7号)指出,量刑既要考虑被告人所犯罪行的轻重,又要考虑被告人应负刑事责任的大小,做到罪责刑相适应,实现惩罚和预防犯罪的目的。将惩罚犯罪、预防犯罪共同作为法院适用刑罚的一个量刑原则,这其中既包含了报应主义的色彩又不乏功利主义的元素。

　　这种二元融合体现在法定刑罚的设定上必须兼具报应和功利的功能,因而一方面需结合犯罪行为的社会危害性,另一方面需结合犯罪人的人身危险性来配置刑罚。福柯认为,刑罚具有相对性,"每个社会根据自身需要都可以调整犯罪等级,刑罚在本质上不再依据过错的严重程度而产生,而只是根据社会用途而产生"。②在法定刑罚的设定和配置上并不与报应论所主张的惩罚犯罪需求严丝合缝,而需根据犯罪数额、犯罪次数、犯罪后果,综合全案情况来确定刑罚的适用。譬如,同样的犯罪行为——杀人,同样的犯罪结果——致人死亡,故意杀人和过失

---

① 《刑法》第二条规定,中华人民共和国刑法的任务,是用刑罚同一切犯罪行为作斗争,以保卫国家安全,保卫人民民主专政的政权和社会主义制度,保护国有财产和劳动群众集体所有的财产,保护公民私人所有的财产,保护公民的人身权利、民主权利和其他权利,维护社会秩序、经济秩序,保障社会主义建设事业的顺利进行。

② 参见[法]米歇尔·福柯:《惩罚的社会》,陈雪杰译,上海人民出版社2016年版,第60页。

杀人在刑罚的适用上是不一致的,即使在故意杀人犯罪中,谋财害命的杀人和因长期遭受家暴的杀人在最终的量刑上也是不一致的。诸如犯罪人的情况(未成年人、精神病人、盲聋哑人等)、防卫过当、避险过当、犯罪预备、未遂、中止等情节都会影响量刑。恰如有学者指出的,"现代刑罚与古代刑罚重要的区别之一是前者采用的是有限责任,而后者往往采取严格责任"。①

这样,报应主义与法定刑之间就存在着一定的缝隙,而法定刑罚的设定与司法的适用和人出于报复本能所主张的惩罚之间的缝隙就更加显著。

（四）对有前科公民基本权利的限制是对"缝隙"的弥补

有学者将人受到伤害之后的反应概括为三种:第一,予以同样的还击,即以牙还牙、以眼还眼;第二,不但还击,程度上还要超过对方,令对方畏惧不敢再行伤害,所谓以头还眼;第三,不但不报复,反而为了对方的好而考虑治疗或教育对方,即所谓以德报怨。②如果没有外在的道德、法律的限制,人们更可能倾向的是前两种等额甚至超额的报复。然而,惩罚掌握在国家手中,成为一种公权力,并由法律控制了质与量,因而对犯罪的惩罚更可能的形态是等额或少额的报复。

通过前文分析,我们可以看出,从人类的报复本能到报应论再到法定刑衡量呈现出这样一条逻辑链:人类冲动、盲目、非理性的报复本能产生了刑罚上的报应论,主张刑罚需扬弃复仇,在法律的框架内由公权力对犯罪进行等量或等价的国家报应,因而惩罚的能级得到了第一步限制;在报应论的基础上,刑罚功能进一步扩展,承载了教育、矫正犯罪人,帮助其复归社会,预防减少犯罪的功能,从而使刑罚的功能不仅仅限于惩罚犯罪人,惩罚功能得到了进一步的限缩。未得到满足而无处

---

① 吴新民:《柏拉图的惩罚理论》,浙江大学博士学位论文2007年。
② 吴新民:《古典惩罚伦理学范式的突破——从柏拉图到塞涅卡》,《中南大学学报(社会科学版)》2006年第5期。

安放的报复欲望找寻正当的宣泄渠道，由此转换成另一种更为隐性和持久的惩罚——对犯过罪、接受过公权力制裁的人，即有前科的人再次进行权利的限制。在日常生活中，我们时常可见诸如"活该""早知今日，何必当初"等民间的措辞表达的这种情绪。

　　因此，人的报复本能产生的惩罚预期、需求与国家惩罚以及现实的法定刑罚适用之间产生的缝隙，刑罚惩罚功能的淡化，通过对有前科公民基本权利限制得到弥补和补偿。这就从惩罚文化、民众心理、情感上解释了限制有前科公民基本权利这一制度设计的心理根源。

第四章　边界的另一端

——限制有前科公民基本权利的合宪性控制

从文化、心理、技术、制度等维度看,限制有前科公民基本权利固然有其合理性基础。然而,在一个法治的社会中,权力针对任何权利的限制都不可能是漫无边际、不受控制的,必须面临着合法性控制问题,哪怕这种权利限制有着十分深厚的民意基础、社会基础和文化积淀。一方面,本书关涉的基本权利,是宪法所保护的公民权利;另一方面,对权力运作的合法性控制,首当其冲的核心和关键是合宪性控制,因而,有必要围绕限制有前科公民基本权利的合宪性控制问题首先在理论上构建相应的权力运行控制的原则和准则。

第一节　平等保护:对基本权利限制底线的合宪性控制

一般而言,公民基本权利的限制呈现的是权

力—权利线性对应的主体建构,权力运用之所及必是权利限制之所受。而平等原则则是在封闭的权力—权利关系上增加了第三方作为参照,平等本身就是一个相互比较的产物,遭受不平等待遇的群体不仅仅是权益绝对数量上的减损,更是相较于相同或类似群体权益的相对失衡,亦即产生所谓"相对剥夺感"。①正如有学者指出的,平等原则本质上"具有'双面性'与'相对性'",平等原则构建的是公权力、公民权利与第三方参照权利之间的关系格局,"所面临问题并非某一条文或单一事项本身违反平等与否,而是当该某一条文或某单项事项与其他相类似条文或事项为差别待遇,两组相比较时规范关系间之危险"。②

一、平等在宪法上的内涵

平等是公法领域中最为重要的概念,并深深渗透至现代诸国立宪思想或宪法条文之中。伯纳德·施瓦茨指出:"如果说当代公法有一个反复出现的主题,那么,这一主题就是平等。"③

各国立宪思想、立宪传统的不同导致了平等在宪法中的体现亦有所不同,有的体现为立宪过程中的一种宪法价值,有的体现为宪法原则,而有的可归纳为具有具体内容的基本人权,甚至三者的合而有之。1776年美国《独立宣言》将"人人生而平等"作为一项真理。1789年法国《人权宣言》宣告:"在权利方面,人生来是而且始终是自由平等的。"美国宪法第十四修正案规定:"任何一州,都不得制定或实施限制合众

---

① 相对剥夺由美国社会学者斯托弗等人提出,是指剥夺是相对的,人们对其处境感到怨恨或不满,未必是在绝对意义上被剥夺,而是与某些标准相比感到被剥夺了。美国社会学家罗伯特·K.默顿进一步发展了相对剥夺理论,他认为,当个人将自己的处境与其参照群体中的人相比较并发现自己处于劣势时,就会觉得自己受到剥夺。参见吴开松、李华胤、徐晓晨:《群体性事件的社会心理因素研究》,华中科技大学出版社2014年版,第44页。
② 参见法治斌、董保城:《宪法新论》,元照出版公司2012年版,第261页。
③ [美]伯纳德·施瓦茨:《美国法律史》,王军、洪德、杨静辉译,中国政法大学出版社1989年版,第251页。

国公民的特权或豁免权的任何法律……也不得拒绝给予任何人以平等法律保护。"将平等作为一项宪法原则进行宣告,得以约束州权力,以防在立法和行政、司法上对公民给予不平等对待。德国《基本法》不仅宣告了平等原则,还对平等权进行了列举。德国《基本法》第三条规定:"一、法律面前人人平等。二、男女享有平等权利。三、任何人都不得因性别、门第、种族、语言、籍贯和血统、信仰或宗教或政治观点而受歧视或优待。"加拿大《宪法》关于平等的规定十分具有特色,第一,通过第十五条,宣告了每一个人在法律面前和法律之下两个层面的平等。第二,这种平等表现为法律保护的平等和权益的平等,其目的在于反对歧视,并特别列举歧视的类型。第三,平等并不排斥合理的差别待遇。第四,特设第三十六条与第十五条前后呼应,进一步规定了立法机关、行政机关负有促进机会均等的义务。我国《宪法》第三十三条规定:"中华人民共和国公民在法律面前一律平等。任何公民享有宪法和法律规定的权利,同时必须履行宪法和法律规定的义务。"

　　除了各国国内宪法中注重对平等原则的确认和平等权的保护,在联合国和国际组织的有关国际条约和公约中也不无对平等问题的关注。联合国《世界人权宣言》第一条规定:"人人生而自由,在尊严和权利上一律平等。"第二条强调:"人人有资格享有本宣言所载的一切权利和自由,不分种族、肤色、性别、语言、宗教、政治或其他见解、国籍或社会出身、财产、出生或其他身份等任何区别。"《公民权利和政治权利国际公约》第二十六条及《经济、社会、文化权利国际公约》第二条第二款也强调了公民平等及反歧视的立场。此外,联合国还通过了《消除一切形式种族歧视国际公约》和《消除对妇女一切形式歧视公约》,并分别成立条约监督机构以监督各人权条约的执行。

　　理论上关于平等的性质存在权利说、原则说、权利兼原则说、资格权利原则等不同理论。对平等这一概念发展的历史脉络进行梳理和考察,可以发现,早期的平等仅被视为"一项解释宪法的原则",但在第二次世界大战后，"平等已逐渐被承认具有主观公权利性质"，由此，"平等概念至今，不仅是个人人权更兼具解释所有基本权利的重要原则"。①有学者指出，单纯的原则或权利都不能概括宪法中所有平等的属性，原则论与权利论都具有局限性。②进而，平等在宪法上的内涵延伸出两个维度：

（一）作为客观法规范的平等原则

平等原则最为重要的功能在于限制公权力的"恣意"，防止权力"任性"和"厚此薄彼"，它要求公权力"相同的事情为相同的对待，不同的事情为不同的对待"，不得将与事物本质不相关因素纳入考虑，而作为差别对待的基准。③一个简单而经典公式是"相同情况 = 相同对待，不同情况 = 不同对待"。平等原则作为客观法规范对公权力具有拘束力，公权力不得违反平等原则进行权力活动。

（二）作为主观权利的平等权

作为客观法规范的平等原则并不必然引发出平等权。倘若无作为主观公权利的平等权，则国家制定不平等的法律，对公民的权益造成侵害，则权力仅仅是违反平等原则，而公民的权利则落于无保障和救济的窘境之中。"无救济即无权利"，唯有将平等权作为一项主观公法权利，才能在公民权利的保障和救济上发挥功能，这就意味着当公民遭受不公平对待时，得以通过诉讼途径主张权利救济。

当然，平等权与其他的基本权利存在差异之处，它并不指向特定的利益与自由，而常与其他权利叠加出现。从公民的视角而言，平等原则、平等权对公权力进行约束，对公民权利进行保护的制度功能，最终交会于"平等保护"这一具体诉求上来，譬如，教育权与平等权的叠加形成教育权平等保护问题，就业权与平等权的叠加产生就业权平等保护

---

① 参见法治斌、董保城：《宪法新论》，元照出版公司 2012 年版，第 259 页。
② 参见朱应平：《论平等权的宪法保护》，北京大学出版社 2004 年版，第 26 页。
③ 李惠宗：《宪法要义》，元照出版公司 2012 年版，第 135 页。

问题等,通过这种权利的竞合、叠加,从而使平等的价值、原则传导到权利救济的具体司法实践领域。

二、平等保护对公权力的拘束

(一)拘束公权力运行过程:禁止"恣意"和"不合理分类"

对公权力拘束范围问题,存在"法律上"与"法律下"的争议,前者认为,平等原则不仅仅指向法律适用环节,亦应包括立法上的平等,而后者的观点则认为平等原则仅指向法律适用领域,譬如在对《宪法》第三十三条"法律面前人人平等"条款的内涵界定上,持论认为"公民在法律面前一律平等,指的是在实施法律时,即司法、执法、守法上的平等,这并不意味着公民在立法上也一律平等"。[①]随着对平等问题的研究深入,人们更为清晰地认识到,诸多不平等的根源往往在于立法上的不平等。美国历史上曾经大量存在针对黑人的不平等立法,执行这些法律产生了严重的种族歧视问题。因此,倘若立法本身即存在不平等的基因,则在法律适用上,不管如何严格执行法律、如何平等适用法律,其最终也必将导致不平等的结果,立法成为强者对弱者倾轧的工具,则法律根本上丧失了正当性基础。"宪法保障人民平等权利的重心,转到法律制定的平等之上……以平等权来拘束立法者的法律制定形成权,也意味着立法者必须斟酌社会现实事务的本质,权衡宪法全盘之价值体系,才能予其立法行为规范同与不同的法律后果,有合宪性的正当性理由。"[②]平等权拘束立法权是指禁止立法者在立法思路的原则中进行不公正的分类,并依据这种分类从法律条款的含义上对应当给予平等对待的人不合理的区别。[③]对此,有的国家的宪法直接在文本中对权力约

---

① 李步云、刘士平:《论法律平等》,《湖南社会科学》2004 年第 5 期。
② 陈新民:《德国公法学基础理论(下卷)》,法律出版社 2010 年版,第 397—398 页。
③ Joseph Tussman Jacobus Ten Broek:《法律的平等保护》,《加利福尼亚大学法律评论》1949 年第 37 期,第 341 页。转引自朱应平:《论平等权的宪法保护》,苏州大学博士学位论文 2003 年。

束的范围进行了划定,加拿大《宪法》第十五条规定,包含了"在法律面前和法律之下的平等",既指向了法律制定中的平等,又指向了法律适用中的平等。

当然,平等权并不必然对立法权产生拘束效力,这种拘束力更多取决于一国特有政治制度,以及基于此形成的立法机关与司法机关之间的关系。这是从司法权对立法权的外在拘束角度而言,然而在一个法治国家,从权力内在拘束的角度,权力的运行并不是任意妄为的,亦有其自我克制的内在机理。

如何拘束公权力?标准又是什么?德国对此确立的原则是"恣意禁止",该原则最早渊源于德国魏玛共和国时代,著名宪法学者海因里希(Heinrich Triep)及格哈德(Gerhard Leibholz)提出的"恣意禁止",亦可称为"立法者理智的公益考量",若立法者欠缺理智地公益考量而对于相同事务予以差别对待的立法时,则属于"恣意",为宪法所不许,所以立法者负有"合理规范"之义务,依"事务之本质"加以"同同、异异"的决定。[1]"如果一个法律之区别对待或相同对待不能有一个合乎理性、得自事物本质或其他事理上可使人明白之理由,简单地说,如果该规定被认为恣意时,则违反平等原则。"[2]德国也形成了以五个标准为核心的立法审查标准:"立法者的理智决定;事务的本质;禁止恣意;比例原则;宪法的全盘价值理念。"[3]

作为一个判例法的国家,美国关于平等保护的路径更注重在司法的实践中建立对权力的司法审查标准。在涉及平等保护的案例中,对人的分类是一个关键问题,正是在对人进行分类的基础上,对不同类别的人予以差异化的待遇,才可能构成对不平等问题。因而,在平等保护

---

[1]　参见陈新民:《宪法学释论》,台北三民书局 2008 年版(修正六版),第 207 页。

[2]　参见张锟盛:《析论禁止恣意原则》,载城仲模:《行政法之一般法律原则(一)》,台北三民书局 1994 年版,第 204 页。

[3]　参见朱应平:《论平等权的宪法保护》,北京大学出版社 2004 年版,第 139—140 页。

的问题上,美国的做法是从分类的合理性入手,基于"分类标准"和"权利类型"两个要素对公权力设定的差别待遇进行审查。联邦最高法院在判例中确立了三重审查标准。对于基于种族、国籍的差别待遇适用严格审查,一般情况下针对外国人的差别待遇也适用"严格审查标准"。斯金纳案(Skinner v. Oklahoma)中,州立法规定对犯有特定罪行人进行绝育,道格拉斯(Douglas)法官即提出了"严格审查"(Strict Scrutiny)标准,他指出:"当国家出台绝育法律时,必须对立法的基本要素进行'严格审查',以防不经意或者潜在的针对特定群体或特定类型个人的歧视,从而违反平等保护的法律。"①严格审查基准要求"法律必须被证明对于达成令人信服的政府目的来说是必要的。而政府也必须基于真正、重要的理由进行差别待遇,并且政府还必须证明没有其他差别待遇程度较小的可替代措施"。②中度审查基准(Intermediate Scrutiny)用于审查基于性别、非婚生未成年子女的差别待遇。中度审查基准要求法律必须被证明与重要的政府目的有实质性的关联。在密西西比女子大学案(Mississipi University for Women v. Hogan)案中,法院认为:"如果国家的目的是合法和重要的,我们需决定国家目的与手段之间是否存在必要直接和本质的联系。要求两者之间具有密切联系其目的是为了确保分类的合法性建立在合理分析的基础之上,而不是机械地套用传统的,有时是错误的,关于男女角色的论断。"③"合理性审查"(Rational Basis)适用于严格审查、中度审查基准以外的法律,"合理性审查"要求法律必须被证明与合法的政府目的之间具有合理性联系。④在林德斯

---

① Skinner v. Oklahoma,316 U.S.535(1942).

② Erwin Chemerinsky, Constitutional Law Principles and Policies, Aspen Publishers, p.671,2006.

③ Supreme Court of the United States,1982. 458U. S. 718,102S. Ct. 3331,73L. Ed. 2d1090.

④ Erwin Chemerinsky, Constitutional Law Principles and Policies, Aspen Publishers, p.672,2006.

利(Lindsley v. Natural Carbonic Gas Co.)案中,冯·达凡特(Van Davanter)法官指出,"宪法第十四修正案平等保护条款禁止的仅仅是'没有合理基础'和'完全武断'的分类"。[1]对此,有学者对三种审查标准中目的、手段及其关联进行了概括:"合理审查标准乃在要求目的须追求合法的政府利益,手段与目的应具有合理关联;中度审查标准系要求目的须追求重要政府利益,手段与目的应具有实质关联性;严格审查标准则系要求目的须追求极为重要政府利益,手段须属必要且侵害最小。"[2]

平等保护对于公权力运作过程的拘束意味着公权力在限制公民权利时必须基于审慎而理智的考量,而不是"恣意"的权力运用。需要正确评估作为权力运作目的的公共利益以及作为权力运作手段的差别待遇两者之间的关系。

(二)拘束权力运行结果:禁止不合理差别待遇

与纯粹的哲学、社会学以及"人生而平等"的政治宣言式平等相区分,法律尤其是宪法上的平等最终落于权利与义务之上,通过对权利、义务的分析使平等成为一个可以科学测算和技术解析的概念。萨孟武先生将平等概炼为,"法律所给予的权利,任谁都不得独享,法律所赋课的义务,任谁都不得避免"。[3]

"世界上没有两片完全相同的叶子",亦可说世界上没有两个完全相同的人,人与人之间总是存在着千差万别,现实中的不平等是客观存在的。因此平等的尺度应当是在分析比较人与人之间、人群与人群之间诸多相同与不同之处的基础上,抽丝剥茧出某个特定方面进行权衡与比较,亦即在这个特定方面,人与人之间是平等的、无差异的,而在其他具有合理差异性的方面,应当允许并保护差别待遇的存在。若对天

①　Lindsley v. Natural Carbonic Gas Co.,220U.S.61(1911).
②　参见陈怡如:《析论比例原则违宪审查标准之本土化》,《白沙人文社会学报》2005年第4期。
③　萨孟武:《政治学与比较宪法》,商务印书馆2013年版,第341页。

赋超群、勤奋刻苦的人与资质平庸、懒惰，不求上进的人予以同样的对待，虽然得到了数学上的平等，但抹煞了个人的努力与付出的差异性，事实上也是一种不平等。柏拉图提出的"对一切人的不加区别的平等就等于不平等"论断堪称经典。①因此，宪法上的平等不是绝对的、机械的形式平等，而是承认差异基础上的实质平等，确保的是人们参与社会活动的机会平等。合理的差别待遇是平等权所认肯和法律所保护的，平等权所排斥和禁止的是不合理的差别待遇。由此，在法律适用领域中，要求公权力主体必须平等地适用法律、平等地对待所有公民，不得施加不合理的差别待遇。

何种差别待遇构成不合理的差别待遇？从差别待遇的作用方式来看，存在"特权""歧视"两个向度。特权是一种特别优待的差别待遇，即给予特定群体或特定个人以相较于他人更为优厚的待遇，或使其处于更为优越的地位。如"刑不上大夫"。与之相反，歧视是一种不利的差别待遇，遭受歧视的群体或个人相较于他人权益受到更多的限制，处于更为不利的地位，亦即"礼不下庶人"。限于研究群体的特点，本书更关注的是歧视性的差别待遇。

加拿大麦金太尔法官在安德鲁斯一案中对歧视进行了界定，认为歧视"包括故意或非故意地对具有个人特征的个人或群体作出差别对待"。这个界定还是比较宽泛，有学者进一步补充指出："法律中的差别对待如果是基于个人或群体的个人'特征'而对个人或群体规定负担、义务或其他不利条件；或者是限制获得其他社会成员能够获得的机会、利益和有利条件，这种差别对待就构成了歧视性的差别对待。"②国际劳工组织第111号《就业和职业歧视公约》第一条第一款将职业歧视界定为："基于种族、肤色、性别、宗教、政治见解、民族血统或社会出身等

① ［古希腊］柏拉图：《法律篇》，张智仁、何勤华译，上海人民出版社2001年版，第168页。
② 参见张明锋：《加拿大司法审查的应用研究——以宪法平等权的司法保护为例》，中国政法大学出版社2011年版，第201页。

原因,具有取消或损害就业或职业机会均等或待遇平等作用的任何区别、排斥或优惠……"同时,公约还特别规定:"对一项特定职业基于其内在需要的任何区别、排斥或优惠不应视为歧视。"

歧视性的差别待遇包含了三个要素:第一,歧视性的差别待遇首先是一种差别待遇;第二,这种差别待遇对于承受者来说是一种不利或负面的影响,表现为权利的减损或义务的增加;第三,造成这种待遇的原因或基础是将特定个人或群体特征与不利待遇之间构建的不合理的联系。譬如,身高是人的一项生理特征,如果在普通岗位公务员招录中设定身高限制可能会被视为一项歧视待遇,但是,对需在狭窄空间内作业的特定行业或特定岗位,譬如潜艇兵、装甲兵设置身高要求则具有合理性。

从种类上看,歧视包括了直接歧视与间接歧视。直接歧视是指"在相同条件下,一个人或一个群体所受到的待遇明显低于另一人或群体所受到的待遇,这种区别对待直接起因于一个人的种族、肤色、家庭出身、性别、年龄等因素"。[1]间接歧视是指"无法律禁止的差别对待,但要求的条件与实现的目的无直接关系、实施的效果对特定群体或个人的合法权益造成不合比例的影响,除非该条件被证明是为实现特定目的所必需的合理要求"。[2]直接歧视的依据往往是个人或群体外在的、直接的、显性的特征,如种族、肤色等,而间接歧视的依据更多的是内在的、间接的、隐性的标准、条件等。

三、平等保护对于有前科公民基本权利限制的限制

平等保护是对于有前科公民基本权利保障的基本诉求、基本主张,但同时也划定了公权力限制有前科公民基本权利的底线,亦即公权力对有前科公民基本权利的限制不能违反平等原则,抵触平等权,从而给有前科公民带来歧视性的差别待遇。

---

①② 周伟:《中华人民共和国反歧视法(草案)学术建议稿》,《河北法学》2007年第3期。

（一）平等保护划定了公权力限制有前科公民基本权利的底线

《宪法》第三十三条关于平等的规定，设于《宪法》第二章公民的基本权利和义务第一条，位于各类公民基本权利、义务前列，从立宪的逻辑上看，平等在整个基本权利体系中居于统领地位。有学者认为："平等权系一基础性之基本权，其本身并无意义，而必须与其他基本权竞合，而成为复数基本权。"[1]因此，平等保护构成基本权利保护与限制的规则，譬如，对于教育权的限制，倘若违反了平等保护的原则，一方面构成了对公民平等权的侵害，而另一方面亦应认为是对教育权的侵害，平等保护划定了公权力限制有前科公民基本权利的底线，逾越这一底线的基本权利限制应当受到合宪性质疑。

（二）"前科"指向"差别待遇"的合理性评判

有前科公民与普通公民区别在哪里？在于曾经犯罪的历史。这个"历史"是否能够成为对有前科公民基本权利限制的正当基础，换句话说，基于前科对特定群体公民设定差别待遇是否合理？如何评判这种合理性？标准是什么？

关于对有前科公民基本权利的限制问题，我国现行立法上未有明确的规定。但是，在学者提出的《中华人民共和国反就业歧视法（专家建议稿）》中对有前科公民就业歧视的问题作了如下界定："用人单位不得歧视受过刑事处罚的劳动者，不得仅仅因为有犯罪记录而拒绝录用劳动者，但出于国家安全的需要和某些职业的特殊需要不予录用的除外。"这条规定将对有前科公民就业权限制的合理性限定在两个方面："国家安全"和"职业特殊需要"，除此之外的针对有前科公民就业权的限制即不具有合理性。这部法案是理论界对反就业歧视问题的一次探讨，但是对于前科就业歧视的研究与架构也帮助我们进一步厘清了对于有前科公民基本权利限制合理性标准问题的思路。

---

[1] 李惠宗：《宪法要义》，元照出版公司 2012 年版，第 137 页。

首先,一般原则是前科不应成为群体分类的单一标准。我国《宪法》第三十三条、《监狱法》第三十八条分别规定了公民在法律面前一律平等,刑满释放人员依法享有与其他公民平等的权利。《宪法》和《监狱法》的规定表明有前科公民与其他公民一样,法律地位是平等的,并不因"前科"而在权利享有上有所不同。其次,对有前科公民权利限制仅限于维护公共利益的需要。出于害怕、怀疑、厌恶、偏见或其他目的对有前科公民权利进行限制即是不合理的,因此,前文中所列拒绝授予有前科公民"见义勇为"光荣称号的案例,当地政府的这种权利限制并非出于公益目的,而是对有前科公民的一种偏见,其合理性应当受到质疑。再次,"前科"与公共利益之间存在关联,而这种关联的程度应当视前科、公共利益与受限制权利的类型进行具体评估。受限制的权利越是重要,越需要权利限制与公共利益之间具有更为直接、显著和实质性的关联。譬如,对于一个有多次性暴力犯罪前科的人限制其进入女校工作,权利限制与公共利益之间具有直接和明显的关联;而对于一个有交通肇事罪前科的人限制其从事保安职业,权利限制与公共利益之间是否具有合理关联,值得疑虑。最后,权利限制是无可替代的,即除了限制有前科公民权利之外别无他法,亦即权利的限制是"不得已而为之"的选择。

(三)对有前科公民平等保护的两个维度

1. 积极的保护

前科代表了一个人犯过罪的历史,这个历史虽然客观存在,不可能被消除,但是它对行为人的负面影响应有相应的限制和控制。当行为人已经对自己的犯罪行为"买单"之后,在法律上,他的人格、地位与其他公民一样是平等的。公权力不得以"有色眼镜"看待有前科公民,而必须对他们的权利进行一视同仁的保护。不仅如此,由于有前科公民在社会生活中事实上处于"局外人""边缘人"的状态,作为矫正,更需要公权力对部分权利予以倾斜性的积极保障,以使之更符合实质平等的要义。

2. 消极的抗辩

有学者对司法实践中的反歧视诉讼案件进行梳理、归类,既往的刑罚经历引发的区别对待是反歧视诉讼中的一种主要类型。①因前科遭受不合理差别待遇时,公民得以"平等保护"抗辩并寻求权利的救济。

综上,平等原则并不是要求所有人都"一碗水端平",适用无差别的对待,只是这种差别对待应当区分其追求的目标是在于"不等者不等之"的实质平等,还是在于"等者不等之"的不合理差别待遇。倘若为前者,实为平等原则所融括之内涵,倘若为后者,则与平等原则相抵触,因而这种差别待遇的合法性应受到质疑。

第二节　比例原则:对基本权利限制目的手段的合宪性控制

保障基本人权是现代法治国家的基本原则,并通过宪法和法律来实现人权保障的功能。但是,权利的行使和保障是有限的,必须有所规制,否则将导致无政府主义和暴民政治,同时,国家权力对公民权利的限制也是有限度的,否则国家权力会过度干预公民权利的基本内涵。如何在国家权力与公民权利、公共利益与私人利益之间寻找平衡的支点,比例原则在此中扮演了重要的角色。比例原则的功能架构在于"防止国家一切措施(包括立法、司法及行政)之过度干预,确保基本权的实现。它是一种目的和手段间的考量,简而言之,就国家一切措施之目的和为达到目的所采取手段而产生对人民负担间的考量"。②

---

① 参见李成:《平等权的司法保护——基于 116 件反歧视诉讼裁判文书的评析与总结》,《华东政法大学学报》2013 年第 4 期。

② 蔡震荣:《行政法理论与基本人权之保障》,五南图书出版公司 1999 年版,第 103—104 页。

一、比例原则对公权力的规制

比例原则堪称公法中的帝王条款,是由德国公法学界发展出来的理论。1958 年 6 月 11 日,德国联邦宪法法院在"药房案"中对比例原则进行了细化,在对职业自由的规范中创设了"三阶层"分析模型。①在理论上,传统的比例原则包括了三个次要概念②:第一,适当性原则,"系指一个法律(或公权力措施)的手段可达到的目的之谓也"。③即公权力措施对公民权利的限制应有助于预设目的的达成,它强调的是手段的"目的符合性"或"目的契合性"。④第二,必要性原则,又称"最小侵害原则",即"在前适当性原则已获肯定之后,在所有能够达成立法目的之方式中,必须选择予人民之权利最少侵害的方法"。⑤亦即在多个达成目的的手段可供选择时,应当选择对公民权利侵害最少的手段。第三,比

---

① 德国联邦宪法法院的判决提出了针对职业自由限制的三阶层理论:(1)为了公共利益,立法者就可以对从业行为进行规范;(2)只有为了重大公共利益,立法者才可以对职业准入设定主观条件;(3)只有为了非常重大的公共利益,立法者才能够为职业准入设定客观条件。参见张翔主编:《德国宪法案例选释第 1 辑基本权利总论》,法律出版社 2012 年版,第 65 页。

② 德国理论界对三阶理论也存在挑战与争论,批判者认为三阶理论所代表的次序说,存有僵硬之嫌,尤以妥当性功能极为不彰,参照德国联邦宪法法学界的意见,只要能部分达成目的的手段也合乎妥当性原则,无法利用此原则遏制人权的被过度或滥权的侵犯。基于理论推演和司法经验的双重总结,适当性原则(妥当性原则)没有单独存在的必要,应当使"两分论"代替"三分论"作为比例原则种属结构的概括。比例原则仅考量目的与手段之间的关系,并不审查目的正当与否,国内外也有学者认为,比例原则应当增加目的正当性审查,从而形成四阶位,即正当性、适当性、必要性和狭义比例性,正如德国学者斯特芬·德特贝克指出的,"法院首先应当查明国家活动的目的……然后再审查这种目的是否合法或违法……如果国家追求一个违法的目的,就会损害权利,这种国家活动也就不再具有合乎比例性"。参见陈新民:《德国公法学基础理论(上卷)》,法律出版社 2010 年版,第 421—422 页。蒋红珍:《比例原则阶层秩序理论之重构——以"牛肉制品进销禁令"为验证适例》,《上海交通大学学报(哲学社会科学版)》2010 年第 4 期。刘权:《目的正当性与比例原则的重构》,《中国法学》2014 年第 4 期。

③⑤ 陈新民:《德国公法学基础理论(上卷)》,法律出版社 2010 年版,第 416 页。

④ 李惠宗:《行政法要义》,五南图书出版公司 2004 年版,第 121 页。

例性原则,即狭义的比例原则,意指目的与手段之间成比例,为达成目的而对人民造成的损害与所需维护的公共利益之间应当是均衡的,不能对人民课加过分的负担,造成对个人利益过度的侵害,最为经典的形容即"不能用大炮击麻雀""杀鸡用牛刀"。公共利益是一个极为抽象的概念,笼统地谈保护公共利益与限制私人利益都难以具有实践上的可操作性。引入比例原则作为标尺调适公共利益与私人利益,是将公权力解剖为若干具体的环节,逐一深入对照比例原则的三个子原则进行审查,筛选、拦截过当的权力运用,确保公共利益与私人利益之间始终保持一种动态平衡的张力。

从立法的脉络上看,最早关涉比例原则的立法可追溯至 1215 年英国《大宪章》所确立的"人民不得因为轻罪而受到重罚"。通过德国《基本法》第一条(保护人的尊严)和第二十条(宪法的基本原则——反抗的权利)两个条款以及联邦宪法法院的判决上升成为一项宪法原则,并为其后多国宪法和司法实践所认肯。1996 年南非共和国《宪法》第三十六条第一款规定,限制权利时需考虑的因素包括:"权利的性质、限制目的的重要性、限制的性质与程度、限制的手段和目的之间的关系、是否存在采取较少的限制达到目的的可能性。"[①]2009 年《欧盟基本权利宪章》第五十二条第一款规定,将比例原则作为限制权利、自由的基本原则。[②]

[①] 南非共和国《宪法》第三十六条第一款规定,"权利法案中的权利只能依据普遍适用的法律进行限制,并且对权利的这种限制在一个以人的尊严、平等和自由为基础的自由、民主、开放的社会里被认为是合理、公平,应当充分考虑所有相关因素,包括:(1)权利的性质;(2)限制的目的的重要性;(3)限制的性质和程度;(4)限制的手段和目的之间的关系;(5)是否存在采取较少的限制达成目的的可能性"。孙谦、韩大元主编:《非洲十国宪法》,中国检察出版社 2013 年版,第 222 页。

[②] 《欧盟基本权利宪章》第五十二条第一款规定:"对本宪章所承认的权利与自由施加的任何限制必须有法律规定,并且应尊重权利与自由的本质,只有符合比例原则,在必要并且能真正满足欧盟所承认的公共利益的目的时,或出于保护其他人的权利与自由时,才能对权利与自由予以限制。"

　　我国宪法文本中虽未明确涉及比例原则,但有学者认为,经过1999 年和 2004 年的两次宪法修正案以后,现行宪法开始有限度地为比例原则提供了规范依据和适用空间。①1999 年宪法修正案提出实行依法治国,建设社会主义法治国家。2004 年宪法修正案增加的"国家尊重和保障人权"条款,私有财产保护的条款以及"国家为了公共利益的需要,可以依照法律规定对土地实行征收或者征用并给予补偿"的规定,都蕴含着公权力对公民权利的保障和权力自身的自我克制。2004 年国务院发布的《全面推进依法行政实施纲要》第五条规定:"行使自由裁量权应当符合法律目的,排除不相关因素的干扰;所采取的措施和手段应当必要、适当;行政机关实施行政管理可以采用多种方式实现行政目的的,应当避免采用损害当事人权益的方式。"这种权力与权利的互动关系在一定程度上契合了比例原则的基本内核。

二、比例原则的价值在于平衡公共利益与私人利益

　　比例原则以规制公权力运作,调节公权力、公民权利之间关系为己任,其背后关涉的核心是个人利益、公共利益之间的平衡问题。以此来具体剥离并考量对有前科公民权利限制中的目的、手段控制。

(一)对有前科公民基本权利限制的目的在于保护公共利益

　　对公民权利限制的目的在于保护公共利益。同样,对有前科公民基本权利进行限制必须出于维护公共利益的需要。要考察限制有前科公民基本权利的价值必须回归刑罚的功能价值。一个社会的文化情感、历史传统和现实制度设计等多个方面都对刑罚功能产生影响,而最为重要的两项功能在于惩罚犯罪和预防犯罪,保护社会不受犯罪的侵害。犯罪是多种因素共同作用的结果,刑罚是否罚当其罪,是否足以制裁犯罪,监狱的刑罚执行是否能够有效地改造犯罪,产生犯罪的各方面

---

① 门中敬:《比例原则的宪法地位与规范依据——以宪法意义上的宽容理念为分析视角》,《法学论坛》2014 年第 9 期。

因素是否得以消除……这些影响判断再次犯罪可能性的重要因素在尚未构建科学的重新犯罪评估、预测体系的情况下,往往难以得出较为精准的答案,因此预测、预防再次犯罪具有很多不确定性,设置前科制度,对犯罪公民改造效果进行观察和评估,消除再次犯罪的条件,以预防再次犯罪对公共利益的损害。可见,限制有前科公民基本权利最根本的价值在于保护社会公共利益。如果一项针对有前科公民基本权利限制的措施本身不是出于维护公共利益的目的,或者措施本身并不能达成维护公共利益的目的,则该项权利限制措施首先即不能通过适当性原则的关口。

（二）公共利益并不总是优势性地高于私人利益

德国联邦宪法法院认为:"只有经过理智权衡公共利益,认为限制具有合目的性时,执业自由才可以通过'规制'予以限制……如果能证明对择业自由的限制是不可避免的,立法者应当选择对基本权利侵害最小的方式。"①公共利益与个人利益之间并不存在等级和优劣之分,两者均是法律保护的对象。公共利益并不是在任何情境之下都高于个人利益。对于个人利益的限制必须审慎,能不限制尽量不限制,通过其他方式能维护公共利益的,尽量选择"杀伤性"小的方式。而一旦对公共利益的威胁消除,应当及时终止对个人利益的限制。因此,当公权力基于打击、预防犯罪、维护社会安全这一公共利益,对有前科公民的基本权利进行限制和克减,应当对公共利益及所对应的私人利益进行细化分类,客观评估,正确衡量两者之间的权重关系,在此基础上选择对公民利益侵害最小的一种措施。譬如,公权力可否为了预防犯罪的需要,对有前科公民某一项基本权利进行无期限的终身限制? 在这个过程中,有前科公民犯罪的可能性是否自始至终都没有消除? 或者犯罪

---

① BVerfGE7, 377(405)-Apotheken-Urteil.转引自刘权:《目的正当性与比例原则的重构》,《中国法学》2014 年第 4 期。

的概率是否一直处于较高水平？公共利益是否始终处于被威胁、被损害的危险境地？

三、对有前科公民基本权利限制的比例原则审查

以比例原则来规制对有前科公民基本权利的限制，通过层层推进的考量限制的目的与手段及两者之间是否成比例关系，以评估限制措施是否对公民侵害最小、最为温和，所保护的公共利益与所侵害的公民个人利益之间是否成比例，是否逾越必要的限度。

（一）判断和推演的思辨流程

在限制有前科公民基本权利时，首先，应当评估这种限制的目的是否具有宪法上的正当性，如果不是基于保护公共利益的目的进行的限制显然违背了比例原则，进而必须面临合宪性、合法性拷问。其次，应当评估限制有前科公民基本权利措施是否能够促进和达成保护公共利益的目的。限制有前科公民基本权利与预防犯罪、保护公共利益之间应当具有直接的相关性，必须实质上有助于预防犯罪、保护公共利益。再次，需要关注的是，限制有前科公民基本权利的方式和手段是否是必要的，是否是对公民利益损害最小的，除此之外，是否还有其他更为温和的手段来保护公共利益。最后，基本权利限制所保障和增进的公共利益与它给公民造成的损害之间是否成比例。倘若因保护公共利益而给公民造成过分、过度的干预和显失比例的损害也是违背比例原则的。

德国联邦宪法法院在"药房案"中将公共利益界分为：一般公共利益、重要公共利益以及极端重要的公共利益，其中"极端重要的公益包括国民健康、市民生活与安全、交通安全、降低失业促进就业等，而重要公益包括消费者权利保护等，其他的则属于一般公益"。①围绕公共利益的这三个层面考察公权力对公民基本权利限制的目的与手段，从而判定公权力措施是否符合比例原则。对于涉及极端重要公共利益的

---

① 张翔主编：《德国宪法案例选释第 1 辑基本权利总论》，法律出版社 2012 年版，第 67 页。

职业，可以针对选择职业自由的客观要件进行限制。这种限制与从业人员个人无关，受到客观因素的影响，公权力基于维护特别重大的公共利益，将一部分公民排除出职业领域之外。涉及重要公共利益的职业，可以针对职业自由的主观要件设置准入资质、资格条件。公民可以通过学习、培训、考试等途径获得专业技能和职业资质。涉及一般公共利益的职业，得以对职业的具体执行进行规范，并不涉及公民是否可以从事某一职业的问题，仅是对从业活动的时间、地点和方式的具体规范。

（二）以个案为示例的审查适用

假设一个有盗窃罪（三年有期徒刑）前科的公民作为分析对象，以对就业权的限制作为分析内容，探讨在社会所有职业大类中对他设立的各种限制措施是否符合比例原则。《中华人民共和国劳动法》第六十九条规定，国家确立职业分类制度。《中华人民共和国职业分类大典》划分了八个职业大类，不同的职业所涉及的公共利益的轻重缓急是不同的，因此，对同一个公民，在不同职业领域内的限制的措施和强度也是不一样的。

首先，对于涉及极端重要公共利益的行业，一旦受到犯罪的侵害将会造成公共利益的重大损害。基于行业性质和这一层面公共利益的重要程度，可以限制公民的就业权。但是，在限制的时间上，对该公民实施终身限制还是阶段性限制？限制的期限多长？一般而言，既有制度的设计与存在是以制度有效为前提，一国的刑罚制度、监狱制度的设计必然围绕着如何有效地打击、预防犯罪，教育、改造罪犯以防止再次犯罪这一目标而定，对有前科公民某项基本权利进行终身限制的逻辑前提是犯过罪的人终其一生都存在再次犯罪的危险性，都会对社会造成损害，这样一来就表明我们的刑罚制度、监狱的教育改造制度在打击犯罪、预防犯罪的预设功能上根本是无效的，这不能不说是一个悖论。事实上，对于再犯率的官方统计和理论研究均表明，虽然犯过罪的人犯罪率高于普通人群,但不是所有有前科的人都会再次犯罪。分析个案中,对于仅受刑 3 年有期徒刑的公民个人利益来说,终身性的权利限制造成的损害显然过于重大。至于在多长时间内限制公民的权利?应结合犯罪和犯罪人的具体情况进行判定,而这种为了预防未发生的或者可能的犯罪行为而给公民造成的不利影响,应以预防犯罪之必要为限,不应超过人身危险性可能给社会和公共利益造成的损害。

当然,为了便于分析,上述的探讨是以单一目的设定、单一措施运用为模型的研究。而现实中,对有前科公民基本权利的限制的目的与手段往往更为复杂,不仅仅是出于预防犯罪的因素,而可能兼具多重目的的预设,尤以涉及极端重要公共利益的行业,为确保行业的有效秩序和正常发展,对从业人员的素质及道德品行有更为严格的要求,亦可能设定较高的行业准入门槛,有前科公民因存在特定方面的瑕疵而欠缺相应的资格条件,从而排除有前科公民就业。这种权利限制看似与预防犯罪、维护公共利益的直接关联度不高,但对涉及极端重要公共利益的行业而言,行业的公信力、信誉,以及稳定合理的行业秩序本身也是一种公共利益,因此,排除一部分不适宜在该行业就业人员亦为不可,但这种权利的限制和排斥应当严格控制在部分关涉极端重要公共利益的行业之中。

其次,对于涉及重要公共利益的职业,往往关系公共产品、公共服务的提供,亦可出于维护公共利益的需要对有前科公民的就业权进行限制。但是,这种限制应当是对主观要件的限制。譬如,规定从业人员需具有相当从业素质和职业要求,并将其量化为特定期限内无特定犯罪的行业准入门槛。

最后,对于涉及一般公共利益的职业,除非行业本身性质有特定的要求,不应限制有前科公民的就业权。对于关涉公共利益较少的职业也关闭有前科公民的就业大门,无疑在很大程度上堵塞了这一群体回归社会、生存发展的重要路径,当一个人通过合法的渠道难以获取生存发展的资源时,不无可能尝试非法的途径获取资源,过度的限制并不一定有益于预防犯罪,反而可能成为犯罪的刺激因素,从维护公共利益出发的权利限制并不一定最终达成维护公共利益的目的,甚至会反向伤害公共利益,产生目的与手段之间的背离。因而,对有前科公民基本权利限制与预防犯罪、维护公共利益之间必须保持一种适度平衡。但合理的限制并排斥可就具体的从业活动进行规范。

需要说明的是,上述探讨均以假设的分析对象为基础(曾犯盗窃罪被判 3 年有期徒刑),倘若我们将假设的分析对象换为一名有多次暴力犯罪前科、因抢劫罪被判 15 年有期徒刑、刑罚执行完毕的人,则比例原则整个审查过程需要考量的不仅仅是单次犯罪的情况,而需结合历次前科犯罪社会危害性的叠加权衡,对行为人的人身危险性进行综合评估,因此审查结论将会有较大的差异。

(三)比例原则规制的基本规则

通过上述的理论探讨和个案分析,本书试图构建比例原则规制公权力对有前科公民基本权利限制的几个基本规则:

第一,一般情况下禁止终身性的权利限制,终身限制基本权利无异于彻底剥夺公民某项基本权利,对于公民基本权利的损害十分重大,除非关涉极端重要的公共利益,确有必要终身限制,否则将导致公共利益遭受巨大损失的特定情形作为例外。

第二,设置长期的权利限制应当慎重。判断一项基本权利限制是否期限过长?标准往往不在于绝对的时间长短。一个相对简单的标准是将基本权利限制的期限与前罪刑期相互参照对比。对于一个有多次暴力犯罪前科,因故意杀人被判 15 年有期徒刑的人与一个因聚众扰乱社会秩序被判 2 年有期徒刑的人,两者在量刑的时间上是有区别的,而基于犯罪前科所设置的基本权利限制的时间也应当是有所区别的。当然这种简单对比仅适用于单一前科的情形,若存在多次、多种前科,情形比较复杂,需要进行综合的权衡评估。

表 4-1　比例原则对前科就业限制的审查

职业分类 利益分类	第一大类 党的机关、国家机关、社会团体组织和社会组织、企事业单位负责人	第二大类 专业技术人员	第三大类 办事人员和有关人员	第四大类 社会生产服务和生活服务人员	第五大类 农、林、牧、渔业生产及辅助人员	第六大类 生产制造及有关人员	第七大类 军人	第八大类 不便分类的其他从业人员
公共利益阶层	涉及国家安全、政治稳定、党政管理 极端重要公共利益	涉及科学、工程、医药、金融、宗教、文学、艺术、体育、教育、新闻出版等行业 重要公共利益	涉及社会管理、社会治安、消防安全等行业 重要公共利益	涉及社会生产、生活服务行业 一般公共利益	涉及农业、林业、畜牧、渔业生产及其他辅助人员 一般公共利益	涉及社会各类产品制造行业 一般公共利益	涉及国防安全、全国家安全 极端重要公共利益	结合具体职业评判
适当性审查（限制是否有益于公共利益）	有益	有益	有益	有益	有益	有益	有益	有益

续表

							需结合具体职业分析
必要性审查（是否对公民权利侵害最小）	涉及极端重要公共利益，对从业人员有较高的道德和法律要求，有必要将有前科人员排除在此类职业之外。但：第一，原则上终身限制超出必要限度；第二，长时间限制需审慎；第三，一旦再次犯罪的可能性消除，应取消限制	涉及重要公共利益，可以根据行为人和案情具体情况，一定期限内限制有前科公民就业权。或者设定相应的资格条件。但是终身限制超出必要限度	涉及重要公共利益，可以根据行为人和案情具体情况，一定期限内限制有前科公民就业权。或者设定相应的资格条件。但是终身限制超出必要限度	涉及一般公共利益，除非有特殊事由，可以通过其他手段进行管控。限制就业权并非最小侵害的手段	涉及一般公共利益，除非有特殊事由，可以通过其他手段进行管控。限制就业权并非最小侵害的手段	涉及一般公共利益，除非有特殊事由，可以通过其他手段进行管控。限制就业权并非最小侵害的手段	涉及极端重要公共利益，对从业人员有较高的道德和法律要求，有必要将有前科人员排除在此类职业之外。但：第一，原则上终身限制超出必要限度；第二，长时间限制需审慎；第三，一旦再次犯罪的可能性消除，应取消限制

续表

| 比例性审查（限制的个人利益与公共利益之间是否均衡） | 第一，终身限制对公民的个人利益造成的损害过重；第二，结合再犯可能性的评价，在一定期限内限制就业权符合比例原则 | 第一，终身限制对公民的个人利益造成的损害过重；第二，结合行为人和案情的具体情况，出于预防犯罪的需要一定期限内限制就业权，或者根据职业特点设定相应的准入资格条件。第三，对公民权利的限制不应超过原定刑罚给公民带来的不利影响 | 第一，终身限制对公民的个人利益造成的损害过重；第二，结合行为人和案情的具体情况，出于预防犯罪的需要一定期限内限制就业权，或者根据职业特点设定相应的资格条件。第三，对公民权利的限制不应超过原定刑罚给公民带来的不利影响 | 第一，一般不应限制公民就业权；第二，可以对就业权的具体行使进行规范 | 第一，一般不应限制公民就业权；第二，可以对就业权的具体行使进行规范 | 第一，一般不应限制公民就业权；第二，可以对就业权的具体行使进行规范 | 第一，终身限制对公民的个人利益造成的损害过重；第二，结合再犯可能性的评价，在一定期限内限制就业权符合比例原则 | 需结合具体职业分析 |

第三,危险消除及时撤回。对有前科公民的权利限制既基于行为的社会危害性和行为人的人身危险性之上,一旦危险消除,应及时撤回限制措施,以防止对公民权利造成过度的侵害。

第三节　信赖保护：对基本权利限制中权力运作效力的合宪性控制

一、信赖保护原则内涵

从字义看,"信"含"诚实;不欺。相信、信用"之义。[1]信赖是人际交往中一种相互支持、相互信任的心理、行为状态。这种心理、行为状态是人际交往中安定性的源泉,也是人际协作的基础。脱离信赖,法律关系难以确定,并极易变动,从而难以构建稳定的法律秩序,因而信赖恰是法律关系确定、法律秩序稳定的重要因素。

（一）作为公法原则的信赖保护

信赖保护原则是横贯私法与公法领域的一项法律原则。然各国的用语措辞和具体表述有所不同,大陆法系德国称之为"信赖保护",而与之相对应,英美法系往往惯于用"合法期待""合法预期""正当程序"涵盖之。信赖保护原则在私法领域的应用是指民商事活动中,一方主体基于对对方当事人的合理信赖,为或不为一定行为,从而导致自身法律地位改变或预期利益的损失,法律应对其进行的保护。有学者指出"信赖利益"是"从契约权利自由时代向契约权利限制时代过渡时期而产生的概念,其功能在于使经济发展不均衡时期的契约当事人之间能够维持正义和均衡的权利与义务配比,禁止当事人滥用契约权利"。[2]在制度设计上覆盖了民商事法律中诸多法律制度,譬如,善意取得、表见代

---

[1]　《辞海(第六版)》,上海辞书出版社 2009 年版,第 4418 页。

[2]　参见胡建淼主编:《论公法原则》,浙江大学出版社 2005 年版,第 714 页。

理、禁止反言等。

在公法领域,信赖保护原则首先发轫于行政法,旨在保护公民对于政府的信赖。行政行为具有公定力,一旦作出即推定有效,公民基于对政府的合理信赖而对政府作出的行为或承诺予以相应回应,法律应保护公民的信赖利益,而不得随意撤销、废止、更改行政行为。倘若出于维护公共利益的需要必须撤销、废止、变更的,应给予公民相应的补偿。这一原则也伴随着一系列的司法判例而逐渐轮廓清晰、内涵充实。1912 年 11 月艾瑞特(Aret Dame Cachet)案中,法国中央行政法院建立了违法的授益性行政行为不得撤销原则。①1926 年德国行政法院的一项判决中明确在公民与国家的公法关系中,适用诚实信用原则亦是妥当的。②1956 年德国"安寡金"案判决中首次出现信赖保护概念,并提出政府应基于信赖保护原则,而限制授益行政处分之撤销。③1976 年德国行政程序法的出台,信赖保护成为行政法的一项重要原则,并逐渐赢得了与依法行政、比例原则同等的法律地位和效力。④

有学者在梳理信赖保护原则的发展脉络时分为三个阶段:"第一阶段,即 1956 年以前,信赖保护是作为既得权保护的阶段;第二阶段,即 1956 年至 1976 年,作为行政法上信赖保护原则存在的阶段;第三阶段,即 1976 年至今,作为宪法层面上的信赖保护原则存在阶段。"⑤时至今日,信赖保护原则在公法领域中的位阶不仅仅是行政法这一部门

①④　参见肖金明主编:《原则与制度:比较行政法的角度》,山东大学出版社 2004 年版,第 20 页。

②　该判决指出:"国家作为立法者以及法的监督者,若课予国民特别义务,于国民私法关系,相互遵守诚实信用乃正当的要求;且国家对于个别国民在国家公法关系上,该诚实信用原则亦是妥当的。"参见赵小芹:《行政法诚实信用原则研究》,吉林人民出版社 2011 年版,第 2 页。

③　参见董保城:《行政处分之撤销与废止》,《行政法争议问题研究》(上),五南图书出版公司 2000 年版,第 477 页。

⑤　参见胡建淼主编:《论公法原则》,浙江大学出版社 2005 年版,第 716—719 页。

法上的原则,而是一项宪法原则。将信赖保护融入依法治国的内涵之中,也正是基于这样一个位阶定位,信赖保护原则不仅仅指向行使行政权的政府诚信问题,还需将视角投向更为宏大的整个国家权力体系的架构之中,在国家权力构建和运作中关切国家诚信问题,以及保护公民对于国家的信赖。因此,信赖原则应当涵盖所有公权力运作。由此,有学者界定宪法上的"信赖保护原则",指出"(信赖保护)是法治国家的重要原则,依据此一原则,人民对于公权力行为与决定所给予之信赖,公权力主体应适度地加以保护,特别是当公权力主体欲变更、废弃该行为或决定时。公权力主体不得以追求公益为由,任意变更先前所为之公权力行为或决定,而使人民对于公权力行为之信赖落空"。①

(二)信赖保护保护的"信赖"

信赖保护的构成要件包括三个要点:第一,信赖基础,存在一个足以令公民产生期待的公权力行为,这个公权力行为涵盖了所有的公权力类型,它可能是一个行政行为,也可能是一个立法或司法行为,或者其他任何类型的公权力行为。这个公权力行为足以引起公民的相应期待。第二,信赖表现,公民基于对公权力的信赖,而对自身的权益作出处分,为或不为一定行为。第三,信赖值得保护,亦即受保护的信赖是一种"善意信赖""合理信赖"。②

信赖保护构成要件从形式上解决了信赖保护的逻辑构成,即公权力行为——信赖——权益处分——保护善意信赖。接下来,我们需进一

---

① 林三钦:《法令变迁、信赖保护与法令溯及适用》,新学林出版股份有限公司 2008 年版,第 9 页。

② 我国台湾地区学者从司法判例总结出信赖不值得保护的几种情形:因当事人使用不法手段,方导致行政机关作出该行政行为,例如欺诈、胁迫或贿赂;对于重要事项当事人提供不正确资料或不完全陈述,致使行政机关陷于认知错误,并因而作出该行政行为;对于行政行为违法性明知或因重大过失而不知;经废止或变更之法规有明显抵触上位阶法规之情形;法令订有施行期间,于该期间经过后。参见林三钦:《法令变迁、信赖保护与法令溯及适用》,新学林出版股份有限公司 2008 年版,第 13 页。

步探讨信赖保护所保护的信赖究竟是什么？信赖的基础又是哪些？

首先，就公民层面，公民的信赖是建立在对公权力的信任之上，因为信赖公权力的有效性和存续力，而对自己的活动进行相应安排，对自身的权益进行相应处分。因此，对于公民而言，信赖保护最为直观的是公民的权益，确保公民不因信赖公权力而遭受权益损失。

其次，就国家层面，信赖保护保护的是国家的诚信。国家权力来自人民，倘若国家缺乏诚信，权力可以随心所欲、朝令夕改、出尔反尔，必将招致公民对国家的不信任，国家的民意基础丧失殆尽，继而国家权力的合法性将会受到质疑。孔子提出"民无信不立"，朱熹对此注释："宁死而不失信于民，使民亦宁死不失信于我也。"①强调的就是诚信在国家治理中的意义。信赖保护对于公民信赖利益的保护，反转来看，亦是对国家信誉的维护，确保的是整个公权力体系的合法性基础。

最后，就法价值层面，信赖保护保护的是法秩序的安定。拉德布鲁赫提出："法的价值在于法的安定性、正义与合目的性。"②信赖保护原则限制公权力随意改变行为或允诺，旨在维护法律关系和法律秩序的稳定，排斥法律的溯及既往及随意变动对法律秩序的冲击。哈特维克勋爵提出："确定性是和谐之母，因而法律的目的就在于确定性。"③拉伦茨认为："只有当必不可少的信赖被保护时，人类才有可能在保障每个人各得其应得者的法律之下和平共处。全面绝对的不信赖，要么就导致全面的隔绝，要么就导致强者支配。总言之，导致与'法状态'适相反对的情况。因此，促成信赖并保护正当的信赖，即属于法秩序必然满足的根本要求之一。"④法安定性吁求的不仅仅是静态的法的持续稳

①　杨伯峻、杨逢彬：《论语译注》，岳麓书社2009年版，第136页。
②　雷磊主编：《拉德布鲁赫公式》，中国政法大学出版社2015年版，第9页。
③　[美]波登海默：《法理学——法律哲学与法律方法》，邓正来译，中国政法大学出版社1999年版，第502页。
④　[德]卡尔·拉伦茨：《法学方法论》，陈爱娥译，商务印书馆2003年版，第351页。

定,而事实上,法的稳定是相对的,也是动态的,而一旦国家行为发生变动,公民基于法安定性产生的信赖"惯性"应当予以保护。因而,法安定性以及围绕法律的制定和法律执行所构建的法的安定秩序是信赖保护的法理基础。

二、作为信赖保护基础的刑罚秩序安定

国家权力的运作需遵循信赖保护这一原则。那么在刑法领域中,在刑罚权的运作过程中,是否同样存在信赖保护的问题? 信赖的基础是什么?

(一)刑罚秩序安定的标识:"既判力""禁止双重危险"

既判力,是一项源自罗马法的法律观念而被确立为大陆法系的法则。在刑事诉讼中,它具有程序和实体两方面的价值,在程序上,基于"案件不两判"之原则,发生一事不再理之效果;在实体上,基于"行为不两罚"之原则,发生实质确定力之效果。[1]双重危险为英美法系之法则,"意指被告就特定案件既蒙受论罪科刑之第一次性危险后,即因此免疫,而不能使之就同一案件蒙受论罪科刑之第二次性危险"。[2]美国联邦最高法院在格林案(Green v. United States)的判决中认为,宪法禁止"双重危险"目的在于保护公民免受因同一被诉犯罪行为进行多次审判和定罪的危险。布莱克斯通(Blackstone)法官提炼了"双重危险"的一个基本原则,"普通法不仅仅禁止针对同一个犯罪进行两次惩罚,它还更进一步禁止对同一个犯罪进行两次审判,不管被指控对象是否已接受惩罚,也不管前次审判判决有罪还是无罪"。[3]

既判力理论与禁止双重危险理论的内涵不尽相同,既判力理论孕育于大陆法系职权主义刑事审判构造中,重在维护实体方面的实质正义;禁止双重危险诞生于英美法系当事人主义的刑事审判构造中,更为

---

[1][2]　林朝荣、林芸澧:《既判力与二重风险之研究》,一品文化出版社2009年版,第1页。
[3]　Green v. United States, 355. U.S. 184(1957).

关注程序方面的形式正义。但两者的精神是基本相同的,即对于同一个犯罪行为不得给予行为人两次及以上的惩罚。一方面,从功能上说,两者都旨在保护公民避免陷入重复定罪、不断课刑的循环之中,正如美国联邦最高法院在格林案(Green v. United States)中指出:"拥有全部资源和权力的国家不得基于同一个被诉犯罪行为反复尝试对特定公民个人进行定罪,导致公民陷入困窘、耗费和折磨,迫使公民处于一种焦虑与不安的状态之中,提高无辜公民被判有罪的可能性。"①另一方面,这种对于刑罚程序和实体确定性的确保,从价值上是在追求稳定的法秩序。因而,可以说,既判力、禁止双重危险法则的根基在于法安定性的法理。

(二)刑罚秩序安定的基础:权利的服从与权力的克制

刑事审判的功能在于定分止争,通过刑事判决来定罪量刑,重新配置权利、义务,"定分"与"止争"要求刑事判决必须具有确定效力,只有当刑事判决具有确定效力,才能保障刑罚质与量的完全执行,从而有效解决刑事法律纠纷,实现国家刑罚权在打击犯罪、预防犯罪中的价值功能,维护法秩序的稳定。

从形式上看,刑事判决的确定力包括了三种效力,"不得声明不服之效力、案件终结之效力、执行力",实质确定力则包括了"事实确定力、拘束力、一事不再理"。②法院对案件进行审理、适用法律,在法定刑范

① Green v. United States,355.U.S.184(1957).

② 不得声明不服之效力,指当事人对该刑事判决已不得再声明不服,亦即当事人不能再以上诉或抗告等法律途径寻求救济。案件终结之效力,指判决确定后,该案件因系属所生之诉讼关系亦随之终结,法院对此案件不得再进行审理。执行力,系指判决确定后,刑事执行机关须以该确定判决内容而执行其法律效果。事实确定力,系指于确定判决内所认定之犯罪事实,应被视为真,法院不得与该事实为不同之事实认定。拘束力,系指具有既判力之判决所认定之事实,应被视为真,因而于不同案件,法院不得为相异之事实认定。一事不再理效力则禁止对同一被告之同一案件重复进行刑事程序。参见何赖杰:《刑事判决之一部确定效力——以德国法为例》,载许玉秀主编:《刑事法之基础与界限》,学林文化事业有限公司2003年版,第654—655页。

围内对犯罪人进行刑罚裁量,确定最终适用的刑罚种类、范围和幅度并交付执行,在此,刑罚的裁量、确定是一个基于具体案情和犯罪人具体情况,定性、定量相结合的精密的推算过程。一旦通过一整套刑事诉讼程序完成了刑罚的裁量和确定后,对于国家和公民而言都将产生效力:一方面,对于公民个人来说,必须接受并服从刑事判决,既定刑罚得以对其个人权利进行限制;另一方面,对于国家来说,刑罚既已确定并执行,国家则需予以尊重,权力应当保持克制,即便出于合理理由,譬如,既定刑罚事实上不足以惩罚犯罪,亦不得基于同一个犯罪行为对公民再次进行惩罚,也就是说禁止对公民"翻旧账式"的再次惩罚。对此,美国甚至将禁止双重危险写入宪法,美国宪法第五修正案规定:"……受同一罪行处分之罪犯不得令其处于两次生命或身体之危境……"这可以说是对权力克制的精准注解。

三、信赖保护对有前科公民基本权利限制的规制

（一）有前科公民的信赖构成

刑罚是一套制造痛苦的技术,在一个现代社会,这种痛苦不仅仅体现在身体损伤,还包含了对精神、自由的桎梏和对权利的限制与剥夺。从刑罚权的来源看,"刑罚权是国家基于统治权依法对实施犯罪行为的人实行刑罚惩罚的权力"。[①]刑罚权是一种国家权力,是国家所掌握的一种惩罚,是一种合法的暴力。一方面,从权力角度而言,这种暴力必须有所节制,因此,刑罚应当节俭,亦即刑罚节俭原则,这就要求"国家在运用刑罚规制社会生活时,应适当控制刑罚的适用范围和严厉程度,并力求以最小的刑罚成本达到最大的刑罚社会效果。节制用刑是保证刑罚适度、防止刑罚繁重的有效手段"。[②]另一方面,既然刑罚给人带来的是痛苦,为什么对于一个犯罪的公民来说,他会甘于接受这种惩罚带

---

① 　马克昌主编:《刑罚通论》,武汉大学出版社1999年版,第16页。
② 　薛静丽:《刑罚权的动态研究》,山东大学博士学位论文2011年。

来的痛苦? 从心理层面,这出自对刑罚权确定性的信赖,而究其深层次的根源在于对国家和国家权力的信赖,表现为:

1. 刑罚层面:对于刑罚确定性的信赖

国家刑罚权具有强制性,因此,一旦通过司法程序确定了最终适用的刑罚种类和范围,明确了刑罚的质与量后,不仅公民必须接受和服从,甚至国家都不得再予变动。在这个问题上,国家与公民双方均再无裁量的空间。基于此,公民对于刑罚的确定性信赖具体包括信赖刑罚的种类、刑期长短、刑罚执行方式、刑罚开始和终止的时间一旦确定即不再变动,更不会额外增加。

2. 刑罚价值层面:对于"罪责刑相适应"的信赖

罪刑均衡是刑法的一项基本原则,从对国家刑罚权约束角度言,罪刑均衡要求刑罚的裁量必须以罪责为基础,刑罚的惩罚强度与犯罪行为对于社会的危害程度基本相称。正如贝卡利亚指出的,"犯罪对公共利益的危害越大,促使人们犯罪的力量越强,制止人们犯罪的手段就应该越强有力。这就需要刑罚与犯罪相对称"。[①]我国《刑法》第五条确立了罪责刑相适应原则,对于犯罪公民来说,刑罚的裁量应与罪行和应承担的刑事责任相适应,这就意味着犯罪公民受到的刑罚惩罚足以抵消罪行,即刑罚应当是一种公正的惩罚和等量的惩罚,而伴随着刑罚的全部执行,犯罪人与社会之间权责两清,即"罚终事了"。

3. 国家—公民关系层面:对于国家诚信的信赖

罪刑法定是刑法的一项基本原则,它要求罪与刑都有法律的明确规定,并以法律的规定为限。[②]这是国家对于抽象意义上的公民的承诺。而在个案中,刑罚权作为国家权力运作的一种方式,其背后既以国家的

---

① [意]切萨雷·贝卡利亚:《论犯罪与刑罚》,黄风译,北京大学出版社 2014 年版,第 24 页。

② 我国《刑法》第三条确定了罪刑法定原则,规定:"法律明文规定为犯罪行为的,依照法律定罪处罚;法律没有明文规定为犯罪行为的,不得定罪处罚。"

强力作为公民被动接受的后盾,亦以国家的诚信作为公民主动认可的基础。从这个意义上讲,刑罚的度量是国家与公民之间的承诺,即国家承诺以确定度量的,并由法律予以规范的刑罚来惩罚犯罪,以此为限。

4. 国家权力层面:对于国家权力可测度性的信赖

公民的信赖除了基于对国家权力确定性的信赖之外,国家权力可测度性亦是信赖的重要因素。施密特指出:"法治国家中,国家权力必须具有可测度性,由此延伸出的一项原则即是'个人自由原则上不受限制',相反,一切国家权力原则上都要受到限制。"①刑罚权的运作不是独断专横、反复无常的,刑罚权应当是克制、审慎和可测度的,依据法律、经由法定程序、通过法定主体裁量刑罚、执行刑罚,这种可测度性为公民对于刑罚适用结果提供了合法的预期。

(二)信赖保护对于事后管控性、惩罚性基本权利限制的排斥

对绝大部分"有前科"公民来说,已经全部、部分完成了刑罚执行程序,或免除刑罚执行,公民已经承受应受之罚,理论上讲,在"刑罚执行完毕"或"免除刑罚执行"这个时间点上,基于原有犯罪行为而产生的法律关系已全部终止:犯罪行为已经得到法律制裁,而受损的法益也得到补偿。在此情境下,权力已然没有合理的理由介入并干预公民权利。因而,基于以往犯罪行为而延续惩罚(这种惩罚不仅仅指向刑罚,还包括权利的限制以及财产的损失,体现为一种不利益的状态)在道德上、法律上不具有正当性。

对有前科公民基本权利限制划分为事先预防性限制和事后管控性限制。事先预防性权利限制虽然与原有的犯罪与刑罚紧密联系,但事实上是一个新的、独立的法律关系,在这个法律关系中,国家基于犯罪行为所反映出来的犯罪人对社会具有危害的身心状态即"人身危险性",对有前科公民进行权利限制,虽然基本权利限制与前罪之间具有

---

① [德]卡尔·施密特:《宪法学说》,刘锋译,上海人民出版社 2016 年版,第 184 页。

密切关联,但前罪并不是引发基本权利限制的必然和直接的原因,它的功能更多是作为评判"人身危险性"的基础和参照。事后管控性限制,往往以犯罪行为及其给行为人带来的否定性评价作为基础进行基本权利限制,前罪是基本权利限制的直接原因,当然,事后管控性权利限制从功能上可细分为防卫性限制和惩罚性限制,前者诸如吊销证照,倘若这种证照与犯罪具有密切联系,可能成为犯罪的便利条件或促动力量。而惩罚性的权利限制对有前科公民来说是一种逾越既定刑罚边界和冲击其确定性,过度和过量的事后惩罚,违反了信赖保护原则。

当然,有刑法学者从前科的法律性质分析,认为前科是"对前罪刑罚效果的配套评估体系",对于有前科公民基本权利限制的目的在于观察和评估既定刑罚是否能够发挥打击犯罪和预防犯罪的功能,刑罚的实际执行是否能有效地改造罪犯,属于"预备性的法律反击手段和对策性手段,只是备而不用而已"。[①]这种观点虽然将基本权利限制的时间维度设置在刑罚执行之后,但基本权利限制的功能设定是指向未来的,其限制的不是基本权利本身,限制的是再犯能力,从性质和功能上说,仍然是一种预防性限制。

综合上述分析,信赖保护原则旨在保护公民对国家和公权力的合法预期,禁止国家给予犯罪公民"双重危险",因此,仅仅基于道德的负面评价或情感的厌恶心理,对有前科公民进行具有惩罚性或可能加剧原有刑罚惩罚的事后权利限制应予排除。

第四节　法律保留:对基本权利限制形式的合宪性控制

法律保留原则是在与君权斗争的过程中逐渐确立和发展的一项原则,它要求君主在涉及限制人民自由和财产时必须经过议会同意,在争

[①]　参见于志刚:《论前科效应的理论基础》,《政法论坛(中国政法大学学报)》2002 年第 2 期。

取"罪刑法定""税收法定"后,逐渐成为划定君主与议会之间权限的标尺。有学者指出,法律保留原则的确立过程就是"国会取得权力的表现,也是国会权力受到宪法信任的表现,并借此来防止人民权利遭到国家第二权(行政权)及第三权(司法权)非法之侵犯"。①可以说"法律保留在历史演变过程中,一直扮演着民主法治的推进器",②是"实现宪制主义的重要工具",③是民主、法治原则的脉络延展,对于国家权力的控制与公民权利的保障具有重要意义。

一、法律保留原则的宪法轮廓

现代国家理论认为,主权在民,国家一切权力来源于人民,从这个意义上讲,国家的所有活动均应体现民意,在民意的控制之下,亦即国家的所有活动都应由法律作出明确规定,并严格依据法律而为之。哪些国家活动必须由法律进行严密控制,哪些国家活动可留待司法权、行政权判断裁量的"公平与效率"问题需要进行多方权衡和考量。然而,这个问题的回答随着社会发展、国家职能的变迁以及权利保障与权力控制语境转换的不同而呈现不同的内涵。

(一)从"干预保留""全部保留"到"国会保留"的路径

1789 年法国《人权宣言》第四条规定的对于权利的限制"仅得由法律规定之",堪称法律保留原则的最早的起源。④而法律保留作为一个法律概念,则为 19 世纪德国学者奥托·迈耶所倡,他指出:"在特定范围内对行政自行作用的排除称之为法律保留。"⑤在干预行政时期,法

---

① [英]马丁·洛克林:《公法与政治理论》,郑戈译,商务印书馆 2002 年版,第 355 页。
② 蔡震荣:《行政法理论与基本人权之保障》,五南图书出版公司 1999 年版,第 60 页。
③ 参见[德]哈特穆特·毛雷尔:《行政法学总论》,高家伟译,法律出版社 2000 年版,第 109 页。
④ 《人权宣言》第四条规定,自由就是指有权从事一切无害于他人的行为。因此,各人的自然权利的行使,只以保证社会上其他成员能享有同样权利为限制。此等限制仅得由法律规定之。
⑤ [德]奥托·迈耶:《德国行政法》,刘飞译,商务印书馆 2002 年版,第 72 页。

律保留形态是"侵害保留"或"干预保留",亦即对公民人身和财产的干预和限制必须由议会制定法律得以施行,是为法律保留的范围。干预保留强调以法律控制国家权力对于公民权利的限制,是以权利的防御功能作为逻辑基础而展开。其实质是"范围保留,即将国家对人民财产权和自由权的限制权力交由人民的代表组成的国会,以实现对人民财产权和自由权的保护"。①伴随着国家行政事务的发展,尤其是给付行政的兴起,在从"夜警国家"向"社会国家"的转变过程中,法律保留的范围不再仅仅限于干预行政,而要求给付行政也纳入法律保留范围,从而将法律保留的范围扩展至全部行政活动,发展为"全部保留原则"。然而现实是,国家活动千头万绪,十分庞杂,并且大量活动需依赖于专业性、技术性判断,倘若事无巨细皆通过立法以规范之,则往往有阻碍国家活动开展,损害其创新性和主动性之虞,因此"全部保留"事实上难以贯彻落实。20 世纪 70 年代,德国联邦宪法法院提出"重要性理论",进一步修正法律保留原则,发展出"国会保留"理论,意指"凡属基本人权重要的部分,立法者不得授权行政机关,必须国会制定法律,亦即授权禁止"。②"国会保留"限缩了在不违反明确性前提下,授权行政机关以命令形式规范相关事务的权力及范围。属于"国会保留"的事务,立法机关必须"亲力亲为",亲自制定法律,而不能"假以他人"代为立法。其目的是"希望人民的自由与权利之界定,能由经过选举产生的国会议员,在充分理智及和平的讨论后形诸法律,并产生'可预见性''明确性'与法律秩序的'安定性',以形成法治国家最重要的原则"。③从"干预保留""全部保留"到"国会保留"的路径内在地体现了从强调权力控制到注重权利保障的发展路径。

---

① 叶海波、秦前红:《法律保留功能的时代变迁——兼论中国法律保留制度的功能》,《法学评论》2008 年第 4 期。

② 蔡震荣:《行政法理论与基本人权之保障》,五南图书出版公司 1999 年版,第 65 页。

③ 陈新民:《宪法学释论》,台北三民书局 2008 年版,第 176—177 页。

（二）法律保留的种类

法律保留的种类可分为三大类，即宪法保留、绝对法律保留和相对法律保留。

第一，宪法保留，即特定事项只能由宪法予以直接、明确的规定，倘若法律对此事项进行规范，则违反了法律保留原则。属于宪法保留的事项，从根本上排除了立法权干预的可能性，"立法者也因此丧失法律的形成空间，不得制定与宪法规范相左的法律规定"。①

第二，绝对法律保留，即特定事项只能由法律予以规定，不得授权其他权力主体制定法规、命令予以规范。这里的法律意指形式意义上由立法机关制定的法律，即狭义上的法律。绝对法律保留等同于国会保留。

第三，相对法律保留，即特定事项一般应由法律予以规范，但并不排斥在授权明确的前提之下，立法机关授权行政机关通过制定法规、发布命令的形式予以规范。

三者之中，自当宪法保留的位阶最高，关涉的事项最为重要。而关于绝对法律保留和相对法律保留的关系上，事实上对应了宪法意义上的法律保留与行政法意义上的法律保留。前者是以立法权与行政权两权的配置与划分为关切重点，目的在于保障立法机构的专属立法。后者则强调行政机关应依法行政，行政活动应有法律依据，而此处的法不仅限于形式意义上的"法律"，更指实质意义上的"法"，即行政活动应依法律或法律授权而为之。

二、法律保留的事项标准：如何进入法律保留视野

法律保留原则要求国家活动不仅不得与法律相抵触，并且在特定领域内必须有法律或法律授权依据，否则不得行使。然而，哪些事项必须进入法律保留的视野，一方面使得公共利益得到维护，国家活动得以

---

① 高慧铭：《基本权利限制之限制》，《郑州大学学报（哲学社会科学版）》2012年第1期。

有效展开,另一方面,又尽可能保障公民权利不被过度侵犯,国家与公民、权力与权利、公益与私益之间维持一种适度的平衡与张力？这就涉及法律保留的范围和幅度的问题。

（一）重要性理论

德国联邦宪法法院在"学校实施性教育课程"案中提出了重要性理论,建立了一个以"愈……愈……"为基本架构的机动公式,"亦即国家作为或不作为,于何种范围内须具有法律依据,愈是对基本权利持续性侵害或限制,愈是对公众有重大影响,愈是在社会中极具争议复杂问题,愈应由国会亲自并为较准确或详细规定"。① 这样,重要性理论"径以国家事务对基本权利之行使或实现是否重要为标准,决定某些事务是否属于法律保留的范围"。②

（二）《宪法》《立法法》对于公民权利义务法律保留的标准

从我国的立法上看,《立法法》第八条列举了属于立法保留的十一个事项,第九条则在明确授权立法的标准和要求的基础上,划定绝对法律保留的事项,即"有关犯罪和刑罚、对公民政治权利的剥夺和限制人身自由的强制措施和处罚、司法制度等事项"作为绝对法律保留的事项,必须经由全国人大、全国人大常委会制定的法律予以规范。综合这两个条文,在关于公民权利、义务的规范上,适用法律保留的事项包括:犯罪与刑罚、对公民政治权利的剥夺、限制人身自由的强制措施和处罚以及对非国有财产的征收、征用。

相较于德国,德国《基本法》对基本权利的限制大多采用"由法律或基于法律"这种"法律保留"的表达加以规定。③ 譬如《基本法》第二条规定,"个人的自由不可侵犯。只有根据法律才能侵害这些权利"。

---

① 参见法治斌、董保城著:《宪法新论》,元照出版公司2012年版,第62页。

② 叶海波、秦前红:《法律保留功能的时代变迁——兼论中国法律保留制度的功能》,《法学评论》2008年第4期。

③ 赵宏:《限制的限制:德国基本权利限制模式的内在机理》,《法学家》2011年第2期。

　　《中华人民共和国立法法释义》中指出，"对公民政治权利的剥夺、限制人身自由的强制措施，是指对有严重违法或者犯罪行为的公民设定剥夺政治权利、限制人身自由的强制措施和处罚，而不是指普遍的剥夺公民的某种权利或者限制公民的人身自由"。①可见，《立法法》在关涉公民权利、义务的事项上既不是"干预保留"也不是"基本权利限制保留"，而仅是"部分权利限制保留"。在列举的法律保留的事项范围上还是比较狭窄的。当然，《立法法》第八条采取的是列举与概括式相结合的立法方式，"必须由全国人民代表大会及其常务委员会制定法律的其他事项"的立法表述为法律保留设置了一个兜底条款，使法律保留的范围并不仅仅局限于该条前文所列十个事项。

　　进一步从《宪法》文本来分析，在关于公民权利义务的保障与限制问题上，第三十三条规定，任何公民享有宪法和法律规定的权利，同时必须履行宪法和法律规定的义务，亦即公民权利的享有受宪法法律保障，而公民所需履行的义务也必须由法律予以规定。这是关于公民权利、义务概括和抽象的规定，诚然，单从宪法这一条文并不必然判断法律以下位阶的规范能否设置公民权利义务。对照宪法相关条文，我们可以进一步分为两大类：第一类是依照法律保障公民权利，第十三条"依照法律规定保护公民的私有财产权和继承权"，第四十条"通信自由和通信秘密受法律的保护"，第四十四条"依照法律实行……退休制度"。第二类是依照法律限制公民权利，规定公民义务，如第十三条"依照法律规定对公民的私有财产实行征收或者征用并给予补偿"，第三十四条"依照法律剥夺政治权利"，第三十七条"禁止非法拘禁、非法剥夺或限制公民人身自由、非法搜查公民身体"，第三十九条"禁止非法搜查或非法侵入公民住宅"，第四十条"依照法律规定的程序对通信进行检

---

① 《中华人民共和国立法法释义》，载中国人大网 http://www.npc.gov.cn/npc/flsyywd/xianfa/2001-08/01/content_140407.htm。

查",第五十五条"依照法律服兵役",第五十六条"依照法律纳税"。因此,单就《宪法》看,明文规定对公民权利的法律保障与限制已不仅仅限于《立法法》第八条第四、五、七款所列举的范畴。并且,与《立法法》第八条第十一款殊途同归,《宪法》在关于全国人大、全国人大常委会职权的规定上,全国人大、全国人大常委会有权制定法律(包括基本法律与非基本法律),使法律保留所涵盖的范围亦不仅仅限于《立法法》第八条所列举的事项。此外,从立宪理论和立宪逻辑来看,宪法作为母法对公民权利的保护划定宪法基本权利的范畴,在宪法的文本中不可能一一详述,因而其后关于基本权利保障的路径和措施则需留待下一位阶的法律予以规范,因此,笔者认为对于公民基本权利的规范应属于"法律保留"的事项。

三、法律保留原则对有前科公民基本权利限制合宪性控制

法律保留原则将对公民基本权利限制与干预的权力收归立法机关,并不意味着完全排斥其他权力主体对公民权利、义务的干预,而是说,这种干预应当具有宪法、法律依据并符合法律的规定。这样就为权力对公民权利、义务的干预提供了一套合宪性、合法性筛查和控制的标准。

(一)对权力来源的控制

法律保留原则确保了国家重大问题的决策权掌握在人民手中,公民基本权利不受非法的剥夺和限制,有效地控制和约束国家权力。在对有前科公民基本权利限制的过程中,立法权、司法权、行政权均有参与,由于司法权对有前科公民权利的限制须在个案之中,基于对犯罪人人身危险性的专业判断而予以限制,自另需其他原则和措施予以规范。仅就立法限制和行政限制而言,法律保留的功能在于两个方面:一方面,涉及公民基本权利、义务的事项进入法律保留的范围本身就是对立法权的限制。立法机关有义务通过理智考量,审查裁度基本权利限制的必要性和可行措施,限制立法授权,从立法源头控制权力对权利的恣

意。另一方面,法律保留指向行政权,要求行政机关在限制有前科基本公民权利之时必须有法律或法律的明确授权,权力的来源应符合法律规定,即"法无授权不可为"。同时,行政机关在限制有前科公民基本权利时必须严格依照法律规定的程序、措施等进行限制,否则该项限制则需面临合法性质疑,即"无法律无行政"。因而,法律保留为公权力限制有前科公民基本权利设置了一张合法性筛查网,只有符合法律保留原则的权利限制措施才能通过这张网的筛查,而不符合法律保留原则的权利限制措施在第一道关口即被拦截在门槛之外。当然,这种合法性筛查主要是就形式意义的合法性而言,至于权利的限制是否实质上符合公平正义,则需通过其他标准和原则的进一步检验。

（二）对于权利保留的保障

有学者从理论上梳理人类宪制实践中对于公民权利、自由保护与权力限制的方式有三种:"归属于权利所有者本人——权利人民保留;归属于权利所有者订立的契约——权利宪法保留;归属于权利所有者的共同意志——权利法律保留。"正如有学者指出,"法律保留的实质是权利保留"。①法律保留对于权力的控制是手段,其最终目的还是保障公民的权利。宪法对于基本权利的列举,不仅针对行政行为,也针对立法行为,要求对于宪法所规定的方面受到立法保护,因而,对基本权利的法律保留不仅从权利的消极防御层面排斥非法的权力干预,即没有法律或法律授权不得限制有前科公民基本权利,同时,它也从权利积极保障层面要求国家对公民权利、自由、国家成员的资格以及国家机关的承担者资格予以法律保障,并基于此限制国家创设法律的意志。对于有前科公民而言,法律保留原则除了设立针对公权力合法性控制框架,排斥非法的权力干预外,对于有前科公民权利自由、针对国家的公法请求权以及参与国家管理、形成国家意志的资格也应同样受到法律的保护。

---

① 参见肖北庚:《法律保留实质是权利保留》,《现代法学》2008 年第 2 期。

（三）对于基本权利限制法律体系的统归

法律保留原则将对有前科公民基本权利限制的权力框限在一定的范围和层次之内，并且通过限制授权和授权明确性要求防止了权力向下一位阶传递，使对有前科公民基本权利限制的法律规范维持在一定的法律位阶层次之中，防止低位阶法规范之间的冲突与矛盾，确保对有前科公民基本权利限制法律体系内部的完整，从立法源头上防止权利限制的"滥"与"乱"。

第五节　权利限制的边界：为权力套上枷锁

权力既拥有建设的力量，也可能产生摧毁的能量。因此，古往今来，人们总是在试图建立一套控制权力的规则体系，为权力套上枷锁，其目的恰是使公民权利得到最大限度和更大程度的保障。当然，人的群体是细致复杂的，人的需求也是多种多样的，每种权利所对应的权力干预以及基于此进行的权力控制的规则也是不尽相同的，建立一套放之四海而皆准的权力控制规则显然难以实现较高的针对性和操作性，一个可行的路径是通过分解人群，解剖权利，聚焦特定人群、特定权利的研究，围绕此构建权力控制规则。

对有前科公民基本权利限制中权力运行进行合宪性控制，通过平等保护原则、比例原则、信赖保护原则以及法律保留原则为权力层层设限，使权力行走的每一步都必须步步为营、如履薄冰。这四个原则围绕权力的外在形式、内在目的、价值功能、射程范围、措施手段进行多重考量，并依此划定权力对权利限制的边界。

一、第一道边界："形式"边界

权力的形式边界是权力存在的外在形式，只有具备这样的形式要件，权力对有前科公民基本权利的干预才能具有合法性基础。这些形式要件包括权力的来源、依据、程序。通过法律保留原则，将对有前科公民基本权利限制的权力锁定在法律或法律授权范围内，因而，只要不具有法定的形式要件，对于有前科公民基本权利的限制则首先会被判定为非法干预。

二、第二道边界："目的功能"叠加边界

具备形式合法性只是第一步，接下来我们需要判定的是一个针对有前科公民基本权利限制的权力运作目的是什么？预设的功能是什么？如果为了达成不正义的目的，或者为了实现不正当的功能而对有前科公民进行基本权利限制，则这种限制即使已经在形式上具备了合法性，也应当判定为不合法的权力运作。平等原则规制的正是权力运作目的合法性，并进而延展至功能合法性问题上。对于有前科公民能否设定差别待遇？答案是肯定的，但这种差别待遇必须是合理的。一个对有前科公民基本权利限制的措施倘若是为了不正义的目的，出于情感的厌恶、偏见以及报复，从而设定差别待遇，则这种待遇可能会判定为不合理差别待遇。因此，平等原则将对有前科公民基本权利限制的目的锁定于"维护公共利益，预防犯罪"之上，除此之外的基本权利限制则可能构成不合理的差别待遇。尤其需要关注的是，犯罪是一个兼具必然性与偶然性的复杂过程，犯罪预测虽然竭力接近犯罪的本质与规律，但仍然存在失真、失准的概率，因此，我们应当审慎对待犯罪预测和预防，正如有学者指出："任何依据犯罪预测结果的社会反应，都应是可调整、可修正和可补救的，且不得以侵害社会，尤其是个人的正当权利为代价。即便犯罪预测能够做到准确无误，先发制人式的'预先处罚'也应当严格禁止。"[1]

三、第三道边界："目的手段"叠加边界

目的合法，手段也合法，是否对基本权利限制的措施就必然合法？

---

[1]　赵军：《"先知"之惑——犯罪预测局限性研究》，《河南公安高等专科学校学报》2010年第6期。

比例原则关注目的、手段及两者之间的比例关系，划定了对有前科公民基本权利限制的目的手段叠加边界。在目的、手段合法，且手段必要的前提下，对于有前科公民基本权利的限制应切入"目的＋手段"进行综合考量。以所要维护的公共利益为圆心，对有前科公民基本权利限制所造成的私人利益的损害半径应当控制在一定范围内，不能给予私人利益过当、过重的损害。基于此，一般情况下，我们应当排除终身限制性的基本权利限制，而需结合犯罪的具体情节、犯罪人的具体情况设定基本权利限制的质与量，将对基本权利的限制控制在一定的范围与幅度之内，以防止限制的"过度"和"越界"。

四、第四道边界："目的结果"叠加边界

法的安定性使人们产生对安定性期待的合理信赖。信赖保护原则的基础源自由罪刑法定、罪责刑相适应等原则所构建的刑罚安定秩序，其背后是以国家诚信为支撑。由此，对已经因犯罪受过刑事处罚的人不得再予以惩罚性处分，不能让其在结果上承担"双重危险"。因此，除非基于人身危险性，出于预防犯罪的需要对有前科公民基本权利进行限制外，其他的事后惩罚性的权利限制应受到合法性质疑。

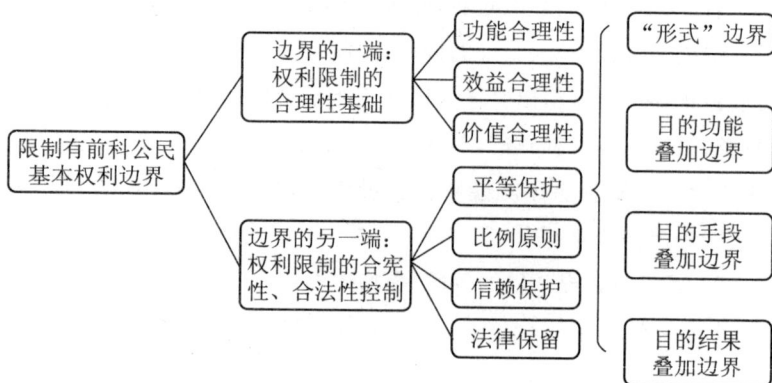

图 4-1　限制有前科公民基本权利边界示意图

第五章　限制有前科公民基本权利边界的现实划定

前述理论探讨,尤其是对有前科公民基本权利限制的范围和程度的具体划定,权利限制的合宪性控制规则为制度设计和实践操作标准提供了有益的参考。

第一节　基本权利限制之限制规则创制

对基本权利的限制应有配套的控制和制约,将权力对权利的限制规范在特定的范围之内,以防对公民基本权利造成过度的干预。在法律文本的规范上,我国尚未形成完整、系统化的权利限制之限制规则,然而,宪法、法律的文本之中,我们又可发现权利限制之限制规则的零星轨迹。

一、宪法层面基本权利限制之限制规则"发掘"

从权利限制之限制的一般规则看,有的国家在其宪法中明确确立了对公民基本权利限制的一般规则,譬如德国《基本法》第十九条规定:"依据本基本法规定,某项基本权利可通过法律或依据法律予以限制的,该法律须具有普遍适用效力,不得只适用个别情况。此外,该法律须指明引用有关基本权利的具体条款。任何情况下均不得侵害基本权利的实质内容。"这一条款对基本权利限制的外在形式和内在实质予以限制和明确。我国宪法中并未有单独条款对公民基本权利限制之限制问题进行规范,而是隐性地散落于特定公民基本权利保护与限制的条款中。对有前科公民基本权利限制边界理论建构中的平等保护、比例原则、信赖保护与法律保留,仅有平等保护在宪法中有相应的条文支撑,而另三项原则虽然在理论上被认为是重要的宪法原则或在他国宪法中得以明确,但在我国的宪法条文之中并未得到体现。

同时,就对具体权利限制之限制规则看,我国宪法条文中对部分基本权利的限制配置较为具体的规则,这种对权利限制主体、程序、事由的限定本身也是对基本权利限制的限制。譬如,《宪法》第三十七条关于人身自由的保护与限制呈现出三个层面内涵:第一,人身自由受到宪法保护;第二,人身自由不是绝对的,也可以对其进行限制;第三,对人身自由限制的事由、主体、程序的明确规定则构成了对人身自由限制之限制规则,亦即只有这些主体,基于这些事由,通过这些程序才能对公民人身自由进行限制,除此之外的限制则不具有合宪性与合法性。《宪法》文本中类似的条款还有《宪法》第三十四条选举权、第四十条通信自由,而其他公民基本权利保障的条款皆未明确权利限制之限制规则。第四十二条关于劳动权利的规定,在条文中并未设置权利限制的情形,是否可谓对公民的劳动权不得限制? 显然,在立法中不乏对公民劳动权进行限制的实例。宪法不是单个条款的简单集合,而是一个内部紧密联系和逻辑贯通的整体,因此,对问题的探究应当对宪法相关条款进行宏观把握和通盘考察,通过解释和援引相关条款来破解权利限制之限制规则欠缺的问题。仍以劳动权为例,对于劳动权的限制自然不能违反《宪法》第三十三条平等保护的规定。此外，《宪法》第五十一条"公民行使自由和权利的时候，不得损害国家的、社会的、集体的利益和其他公民的合法的自由和权利"的条款，从正向维度而言，在不损害国家、社会、集体利益和其他公民合法自由和权利的前提下，公民可以依法享有和行使劳动权；而从反向维度而言，如果公民享有和行使劳动权损害国家、社会、集体利益和其他公民合法自由和权利时，则可能构成对劳动权限制的事由。那么，可以进一步理解，没有"损害"即不得限制公民的劳动权，这当是对权利限制之限制规则。因此，通过对宪法相关条款的解释和援引，明晰和确立权利限制之限制规则。

二、法律层面公民基本权利限制之限制规则的完善

除了宪法中所规定的公民基本权利之外，大量未列举的基本权利分散于下一位阶的法律之中得以保护与限制。因此，在立法过程中应针对具体权利完善权利限制之限制条款，明确权利限制的依据、主体、形式、方式、范围、幅度、期限等核心要素，以此收缩公权力干预基本权利的空间。

同时，即使《宪法》对公民基本权利的限制确立了限制规则，这些规则也是相对笼统和概括的，需在法律之中予以进一步明确，而法律对基本权利限制的相关要素规定得越明确，则对基本权利限制之限制的规则越详细和具体。譬如，《宪法》第三十九条住宅不受侵犯条款，禁止的是非法搜查和非法入侵住宅，因此依据法律进行的搜查和进入住宅则是符合宪法精神的，至于哪些情境是合法的，则需依赖于法律对主体、程序、事由、手段等限制要素予以明确的界定与限定，并由此构成对公民基本权利限制之限制的详细和具体规则。

第二节　有前科公民基本权利限制时间维度的合宪性控制

一般而言，权利限制应当是暂时的、阶段性的，因此，在制度上应当匹配相应的权利复苏的机制,恰如有学者指出的:"前科,即以前被判处过刑罚这种事实虽然永远不能抹去,但前科的事实伴有各种资格限制,资格停止,如果法律上没有经过一定期间后将之消灭的制度就会使受刑罚宣告的人承受过于苛刻的负担,并且妨碍他们改善更生,复归社会的情况也多,前科消灭制度就是本着这样的意图而设立的。"①很多国家在立法中明确设置了前科消灭制度。从前科消灭对公民权利、地位和法律责任的影响看,不同国家的侧重点亦有不同,有学者归纳前科消灭的效应包括了"前科记录的消除、合法权益的恢复、前科报告义务免除、不得在以后的诉讼中引用"。②

一、前科消灭的法律效果

(一)合法权益恢复

在具体的制度设计上,以法国为代表的复权制度侧重于对有前科公民权利的恢复与保障,亦即让有前科公民经过一定期间后,法律地位、法律权利恢复原状。法国《刑法典》规定了复权制度,并设有自然复权和依法定条件的裁判复权两个渠道。从复权对有前科公民权利的影响上看,"复权即意味着因判刑所引起的丧失权利或无能力随之消灭"。③瑞士《刑法典》中规定,恢复原状包括了重新担任公职(第七十七条)、教养权的恢复、监护权的恢复(第七十八条)、撤销执业禁令(第七十九条)、犯罪记录的注销(第八十条)。④

(二)刑事责任消灭

以俄罗斯为代表的国家认为前科是刑事责任的最后阶段,"刑事责

① 西原春夫:《刑法总论》(改订准备版)(下卷),成文堂 1995 年版,转引自马克昌:《比较刑法原理》,武汉大学出版社 2002 年版,第 540 页。
② 参见李健:《论前科消灭制度及其构建》,吉林大学博士学位论文 2012 年。
③ 参见法国《新刑法典》,罗结珍译,中国法制出版社 2003 年版,第 47—48 页。
④ 相关条文参见瑞士《刑法典》,徐久生、庄敬华译,中国方正出版社 2004 年版,第 29—30 页。

任是由法院以国家的名义对实施犯罪的人进行谴责、判处刑罚（缓刑与非缓刑）和前科组成的，所以，前科是刑事责任要素之一"。①刑罚执行完毕并不意味着犯罪人对国家就不负刑事责任了，而只有当前科消灭，其对国家和社会的刑事责任才告以结束。俄罗斯《刑法典》中规定了不同刑罚相对应的前科消灭的条件和时间，并规定"前科消灭或撤销后，与前科有关的一切法律后果便不复存在"。②与俄罗斯的立法相近，哈萨克斯坦《刑法典》中也专设条款规范前科及前科消灭。因此，前科消灭消除的是因为犯罪所引发的刑事责任。

（三）前科报告义务免除

前科消灭在程序上的法律后果是免除了前科报告的义务。譬如，德国法律规定，"被判刑人有权在任何人面前，在法院，经宣誓的讯问时，称自己未受过处罚，有权不公开作为判决基础的事实真相"。③英国的制度设计上留有了一定例外的空间，规定"在前科消灭期间完成后，被定罪之人甚至在回答讯问时，也不必说明其先前的犯罪，除非接到他

---

① Н.Ф.库兹涅佐娃、И.М.佳日科娃主编：《俄罗斯刑法教程（总论）下卷·刑罚论》，黄道秀译，中国法制出版社 2002 年版，第 833 页。

② 俄罗斯联邦《刑法典》第八十六条对前科进行了专门的规定，该条规定，1.因实施犯罪而被判刑的人，自法院的有罪判决生效之日起至前科消灭或被撤销之时止，被认为有前科。在认定累犯时和在判处刑罚时，均应依照本法典的规定考虑前科。2.被免除刑罚的人，被认为没有前科。3.在下列情况下前科消灭：(1)被判缓刑的人，考验期届满；(2)被判处比剥夺自由更轻刑种的人，服刑期满后过 1 年；(3)因轻罪或中等严重的犯罪被判处剥夺自由的人，服刑期满后过 3 年；(4)因严重犯罪而被判处剥夺自由的人，服刑期满后过 6 年；(5)因特别严重的犯罪被判处剥夺自由的人，服刑期满后过 8 年。4.如果被判刑人按法律规定的程序被提前免予刑罚或者未服满部分的刑罚改判较轻的刑种，则消灭前科的期限根据实际服完的刑期自免于服主刑和附加刑之时起计算。5.如果被判刑人在服刑期满之后表现良好，则法院可以根据他本人的请求在前科消灭的期限届满之前撤销前科。6.前科消灭或撤销后，与前科有关的一切法律后果便不复存在。参见《俄罗斯联邦刑法典》，黄道秀译，北京大学出版社 2008 年版，第 36—37 页。

③ ［德］汉斯·海因里希·耶塞克、托马斯·魏特根：《德国刑法教科书（总论）》，徐久生译，法律出版社 2001 年版，第 1101—1102 页。

应说明过去犯罪的通知"。①

二、我国前科消灭制度立法的完善

权利的限制必须以时间的限度防范公权力给予公民过分苛责的限制。对有前科公民基本权利的限制也是一样,不能让有前科公民长期或始终处于权利受损的状态,这就需要建立与前科制度相配套的前科消灭制度。如果没有建立前科消灭制度,有前科公民终其一生将贴上犯罪人的标签,难以完全享有公民应当具有的基本权利,对有前科公民基本权利的侵害超越了必要限度,这不仅无益于预防犯罪,保护社会公共利益,反而可能使有前科公民基本权利受到过度的限制,影响其生存发展,使这一群体更趋边缘化,难以回归社会,从而诱发再次犯罪。从世界范围内的立法实践看,虽然在具体的制度设计上有所不同,但普遍建立了前科消灭制度。

在我国,前科消灭法律制度设计的构想早已有之。清末修律时沈家本提出:"起除刺字:一、窃盗刺字发落之后,责令充当巡警。如实能改悔,历二、三年无过,又经缉获强盗二名以上或窃盗五名以上者,准其起除刺字复为良民。该地方官编入保甲,听其各谋生理。"②亦即对特定犯罪之人,经历一定的期限,符合一定条件后,消灭前罪对其的不利影响,使之复归正常的社会生活。虽然,我国现有的法律体系中尚未建立完整的、系统的前科消灭制度,但是,针对未成年犯罪人前科消灭问题,在立法和刑事司法实践中已经进行了大量的探索。早在1994年,河北省石家庄市新华区人民法院在全国法院系统中首次提出要建立未成年人犯罪前科消灭制度。随后,各地法院相继开展了未成年人前科消灭制度的实践探索,也形成了一系列各有特色的做法,譬如"污点不

---

① [英]戴维·M.沃克:《牛津法律大词典》,光明日报出版社1988年版,第761页。
② 沈家本:《续修会典事例残卷一卷》,《沈家本全集第一卷》,中国政法大学出版社2008年版,第357页。

入档"、前科记录归零、前科记录封存等。法院的实践探索虽然对于未成年罪犯的权益保护具有积极作用,也为法律制度的调整提供了宝贵的实践经验和准备,然而这些探索是零星化和碎片化的,并未对现有的制度设计形成重大改变。

现有立法上,《刑法修正案(八)》对《刑法》第一百条前科报告制度进行了修改,对"犯罪的时候不满十八周岁被判处五年有期徒刑以下刑罚的人"免除所谓前科报告的义务。《刑事诉讼法》第二百七十五条规定:"犯罪的时候不满十八周岁,被判处五年有期徒刑以下刑罚的,应当对相关犯罪记录予以封存。犯罪记录被封存的,不得向任何单位和个人提供,但司法机关为办案需要或者有关单位根据国家规定进行查询的除外。依法进行查询的单位,应当对被封存的犯罪记录的情况予以保密。"两个条款更多的是将关注点投入未成年人犯罪记录的使用和公开的程序规则的建立上。事实上,对于犯罪记录所引发的权利影响问题,或者这种犯罪记录封存,前科报告义务免除的法律后果是什么? 由此导致的行为人法律地位、法律权利、法律义务有什么变化? 封存是否等同于犯罪记录的消灭,是否意味着在法律地位上等同于未犯罪的人? 是否意味着因犯罪而被限制的权利和资格得以恢复? 譬如,《警察法》中规定,曾因犯罪受过刑事处罚的人不得担任人民警察,这一条款中规定的限制条件是"犯罪+受过刑事处罚"这一客观事实,而不是"无犯罪记录",因此,如果一公民在18周岁之前犯罪并被判处五年有期徒刑以下刑罚,以《刑法修正案(八)》和《刑事诉讼法》的规定,他可以免除前科报告的义务,犯罪记录也被封存,他是否就此取得担任人民警察的资格? 这些问题在立法上未有明确的规范,问题的根源在于我国未建立系统完整的前科消灭制度,对于前科消灭的概念、范围、法律效力等问题未有明确的法律界定。可见,在我国的制度设计上,前科消灭只是针对部分人、部分犯罪的有条件的前科记录封存,并未形成覆盖全部犯罪人、全部犯罪类型,完全意义上的前科消灭制度。

　　笔者认为,虽然犯罪作为一种既已发生的客观事实难以抹杀,但是犯罪在法律上投射的轨迹和痕迹,经过一定期限之后应当在法律上予以抹除或消灭,以保障有前科公民不再受到国家的否定性评价,尤其是民事和行政领域的资格、权利不再被限制,使其在法律地位上视同为未犯罪者。因此,我国应当借鉴他国前科消灭立法经验,不仅立足于未成年犯罪人权益的特殊保护,更需扩展至所有有前科公民群体,完善前科消灭制度,以使他们能重新回归社会。

第三节　限制有前科公民基本权利的部门立法完善

一、刑法中完善刑罚资格刑体系

　　立足预防犯罪、社会防卫的需要,将特定人员有关资格和权利纳入刑罚体系之中,是他国立法实践给予我们的一个重要启示。我国目前的刑罚体系包括了五种主刑:管制、拘役、有期徒刑、无期徒刑、死刑,三种附加刑:罚金、剥夺政治权利、没收财产,另有针对外国人适用的驱逐出境,一共九种刑罚。从刑罚制度体系设计上看,我国的附加刑种类较少,而从刑罚适用实践上看,监禁刑无疑占据主导地位。有学者建议完善我国资格刑体系,在适用于公民的资格刑上,增加禁止从事特定职业;剥夺相关执照或相关资格证书;将《刑法》第五十四条第(三)、(四)项规定整合为禁止担任公职,同时增加禁止担任特定职务的规定,如禁止担任公司、企业的领导职务等。[1]有学者指出,我国刑罚体系中资格刑较少,但在行政法中存在"大量的实质为资格刑的行政处罚",建议"整合刑罚体系外资格刑,更好地发挥资格刑预防再犯的作用"。[2]有的学者针对具体犯罪,建议增加相应的资格刑种类,譬如,有学者指出,

---

[1]　王志祥主编:《〈刑法修正案(八)〉解读与评析》,中国人民公安大学 2011 年版,第99页。

[2]　参见李荣:《我国刑罚体系外资格刑的整合》,《法学论坛》2007 年第 2 期。

"我国刑法并无对食品、药品安全犯罪的相应资格刑规定",《食品安全法》《药品管理法》规定的"责令停产停业""吊销许可证或者执照"以及"从业禁止"三种资格罚在性质上属于行政处罚并不能取代刑法上的资格刑,基于此建议,"在食品、药品安全犯罪中,增设资格刑可以在一定期间或者终生剥夺行为主体从事食品、药品职业的某种资格"。[1]

《刑法修正案(九)》增设的从业禁止,虽然也对与职业相关的特定犯罪赋权法院结合个案裁判设置从业禁止,但这一规定本身并不是刑罚,也不构成对现有刑罚结构的改变和刑罚种类的调整。"从世界各国刑罚的发展趋势上看,当代世界刑罚演变的趋势是刑罚由残酷向缓和发展,由身体刑到自由刑到非监禁刑方向发展。"[2]笔者认为,出于对资格刑体系的充实和内容的完善,将现有的、"隐身"于各领域、各位阶法律体系之中的对有前科公民权利限制"招安"和"归顺"于资格刑体系之中,有利于刑罚体系的完善,也有助于对有前科公民权利限制的规范。结合特定资格、权利在犯罪中的影响和作用,参考他国资格刑的立法实践,进而完善和改造我国现有的单一的"剥夺政治权利"的资格刑,形成:剥夺公权;剥夺或限制从事特定职业的权利;剥夺或限制从事特定活动的权利;剥夺或限制亲权;剥夺军衔;剥夺荣誉称号或奖励的资格刑体系。

二、完善个人信息保护立法

在一个"陌生人"社会,流动人口的增多,人与人之间的关系建立不再是口耳相传、耳濡目染的传统模式,而需要借助于各种客观的渠道来认识、反映一个人。因而,利用个人信息资料来评判人成为最有效、最便捷的方式,现代信息技术的发展提高了信息获取、收集、整理的速度和效率。有学者指出:"政府一直是最大的个人信息收集、处理、储存和

① 逄笑枫、刘晓莉:《食品、药品安全犯罪的资格刑配置研究》,《河北法学》2014年第7期。
② 胡学相、周婷婷:《和谐社会建设与刑罚轻缓化》,《华南理工大学学报》2007年第3期。

利用者,可以说,政府公权力所及之处必然涉及个人信息的收集、处理和利用。"①与之相悖的是,个人资讯信息的法律保护却一直滞后,我国尚未制定相关的法律。对有前科公民权利限制的基础是"前科",而"前科"在很大程度上通过犯罪记录这一个人信息载体形式为他人所感知。因此,如何合法地收集、记载、存储、保管、使用、公开前科信息对有前科公民权益保护具有十分重要的作用。

早在 2008 年,第十一届全国人民代表大会第一次会议期间,张志法等 30 名代表提出了《关于制定公民个人信息保护法的议案》(第 14 号)、孙桂华等 31 名代表提出了《关于制定个人信息保护法的议案》(第 277 号)、杨伟程等 31 名代表提出了相同名称的议案(第 360 号),②专家学者建议稿草案也早已出台。③有学者针对我国现有的信息保护立法模式指出,"总体上,我国个人信息的分散和专门立法保护强调的是政府监管,尚缺失限制政府机关处理个人信息权力的立法,急需针对政府机关进行限权性专门立法,由此,在限制政府权力的同时发挥政府的监管职能"。④完善对个人信息保护立法,从法律上明确对个人信息包括前科信息的处理主体和权限规则,从制度设计上防范对公民前科信息收集、处理的混乱和查询、公开的随意与泛滥。

三、完善刑释人员权益保护立法

很多国家和地区都制定有专门的前科人员权益保护法,譬如日本制定了《日本犯罪者预防更生法》《日本更生事业保护法》《日本保护司

---

① 张新宝:《从隐私到个人信息:利益再衡量的理论与制度安排》,《中国法学》2015 年第 3 期。

② 参见《关于第十一届全国人民代表大会第一次会议代表提出议案处理意见的报告》,载中国人大网 http://www.npc.gov.cn/wxzl/gongbao/2008-06/17/content_1475428.htm。

③ 周汉华:《〈中华人民共和国个人信息保护法〉(专家建议稿)及立法研究报告》,法律出版社 2006 年版。

④ 王秀哲:《我国个人信息立法保护实证研究》,《东方法学》2016 年第 3 期。

法》等法律,对更生人员权益保护、更生机构职责等予以明确规定。此外,德国的《重返社会法》等法律致力于保护有前科公民的合法权益,消除前科歧视,帮助他们更好地回归社会。

目前,我国对于刑释人员权利保护的立法不够完善,尚欠缺一部系统的刑释人员权益保护法,对于刑释人员权益保护更多依赖于地方性法规、地方政府规章、相关政府部门的红头文件和政策等,一方面,这些规范的法律位阶较低,对有前科公民权益的保护较为零星分散;另一方面,对有前科公民权益保护的规定在很大程度上带有倡导性、指导性特点,譬如《辽宁省帮助教育安置刑满释放解除劳动教养人员工作条例》第十二条规定:"企业招工时,对符合条件的刑释解教人员不得歧视。"如果企业歧视有前科人员应承担什么样的责任却未作规定。有必要制定统一的针对有前科公民权益保护的法律,明确规定限制有前科公民权利的范围、规则和相应的救济途径等。

第四节　限制有前科公民基本权利的合宪性评判操作标准

除了制度上的宏观建设外,在民事、行政立法及执法中,对有前科公民基本权利限制还应当综合罪名、犯罪构成要件、刑罚种类、刑期长短、罪名废立等多种因素进行多维度的考量,并基于此来评判限制有前科公民基本权利的公权力运作是否合宪。

一、考量犯罪、刑罚与权利限制的关系

（一）考量犯罪主观要件与权利限制的关系

刑法将犯罪区分为故意犯罪和过失犯罪,故意犯罪中,行为人明知自己的行为会发生危害社会的结果,并且希望或者放任这种结果的发生,过失犯罪中,行为人应当预见自己的行为可能发生危害社会的结果,因为疏忽大意而没有预见,或者已经预见而轻信能够避免以致危害结果的发生。相较于故意犯罪,过失犯罪的主观恶性比较低,罪犯改好

的可能性比较高,再次犯罪的可能性比较低,对这一类犯罪公民的权利限制应当与故意犯罪的公民有所区别。

当然,笔者认为,犯罪的主观要件与权利限制之间究竟是何种关系,并不是程式化或模式化的判断,而需要结合公民犯罪的具体情况和权利特点进行个案化考察。譬如,在对有前科公民的就业限制中,过失犯罪应当视具体罪名与职业安全要求进行必要性与合理性考量,对于部分要求从业人员具备高度责任和注意义务的行业,一旦疏忽大意将会造成重大损失和严重后果,或者职务过失类犯罪,有必要对过失犯罪人员的就业资格进行限制,这本身符合行业对从业人员的素质要求。

(二)考量犯罪罪名与受限制权利的关联度

我国刑法规定了危害国家安全罪,危害公共安全罪,破坏社会主义市场经济秩序罪,侵犯公民人身权利、民主权利罪,侵犯财产罪,妨害社会管理秩序罪,危害国防利益罪,贪污贿赂罪,渎职罪,军人违反职责罪十大类,300 多个罪名,涉及的范围十分广泛,几乎覆盖了社会生活的各个领域。如果不对犯罪与受限制的权利的关联关系进行甄别,一概加以限制,显然逾越了比例原则。譬如,对于曾经犯走私、贩卖、运输、制造毒品罪的公民,限制或禁止其从事易制毒化学品制造、运输、销售等行业有助于预防再次犯罪。德国立法中明确规定了权利限制与犯罪之间的关系,譬如,德国《刑法典》第四十四条规定:"犯罪发生于驾驶机动车时,或与之有关或由于违反驾驶人员的义务,而被判处自由刑或者罚金刑的,法院可禁止其于街道驾驶任何或特定种类的机动车,其期间为 1 个月以上 3 个月以下。"[①]因此,权利的限制应当与罪名之间具有紧密的关联性,或者这种权利是被用来实施犯罪的工具,或者是犯罪的便利条件,或者是导致犯罪的诱因,关联性将权利限制的范围控制在与犯罪有关的权利上,从而缩小权利限制的"杀伤"范围。

---

① 　徐久生、庄敬华编著:《德国刑法典》,中国方正出版社 2002 年版,第 16 页。

（三）考量刑罚种类与权利限制的关系

我国刑罚体系主刑包括了管制、拘役、有期徒刑、无期徒刑、死刑五大类，从管制到死刑，刑罚的严苛程度逐级递增，对犯罪人自由和生命的限制与剥夺不断增加，刑罚轻重程度的不同反映的是犯罪人的人身危险性的轻重不同，犯罪行为对社会和公共利益损害大小的不同，国家公权力对犯罪人否定性评价的程度不同。在这样的体系之下，对被判处管制的公民与被判处十年有期徒刑的公民予以相同的权利限制，对判处较轻刑罚的公民而言有失公平，权利限制应当与其所依据的刑罚紧密联系，刑罚不同限制应当有所不同。更需关注的一点，如果判处较轻刑罚的公民与判处较重刑罚的公民一样受到同样、同量的权利限制，不仅无助于保护社会公共利益，预防和制止犯罪，反而会陷入动辄得咎、小错大惩的恶性循环，导致权利受限制公民生存发展困境，更可能进一步刺激和提升其重新违法犯罪的风险性，使公共利益再次遭受犯罪的侵害。因此，有必要针对不同刑罚种类予以轻重有别的权利限制，否则权利限制过犹不及，可能走向限制初衷的反方向。

（四）考量刑期长短与权利限制的关系

在前一论述的基础上，有必要探讨刑期长短与权利限制之间的关系。如果对被判处管制的公民与被判处有期徒刑的公民予以不同的权利限制，则对判处一年有期徒刑与被判处十年有期徒刑的公民是否应当有所区别？

笔者认为，刑期长短反映的也是犯罪行为的社会危害性程度和犯罪人的人身危险性程度，一方面有必要依据刑期的长短而对权利限制予以轻重有别的差别化设计，另一方面，刑期长短与权利限制的期限密切相关，权利限制以暂时限制为原则，以终身限制为例外，对于暂时限制的情形应设定限制期限，超过期限，则恢复相关公民权利，而对权利限制设定期限的一个重要的参考依据是刑期。

二、考量行业准入要求与权利限制的关系

社会分工的不同,行业对从业人员的道德品行、任职能力的要求也是迥然不同的,这也是对有前科公民就业权限制中应当考虑的因素。如教师行业担负着青少年的教育引导之责,教师的言行举止对学生往往具有很强的影响力,因此,有过犯罪行为的人不适宜从事教师职业。又如,法官职业要求从业人员具备较高的道德品质、责任意识和法律素养,而犯罪行为是对法律的藐视和对社会道德底线的僭越,有过犯罪行为的人从事法官职业可能会有损司法权威性和公信力,对其进行前科就业限制符合社会的基本价值准则。而除了关系公共利益、行业准入要求比较高的职业,其他职业是否有必要限制有前科公民的就业应当基于行业的特点、犯罪行为及受限制人群的具体情况进行综合评估。

三、根据立法权限的范围设定宽严有别的阶梯化限制

对有前科公民基本权利限制对受限公民来说有着显著的负面约束效果,亦应当对不同立法主体的立法权限有所约束,否则即使前述的合宪性评价标准考量得再严密审慎,也会落入立法恣意的困境。以前科就业限制为例,前科就业限制方式包括了事先的行业准入资格要件限制,还包括事后的特定行业就业资格的剥夺或限制,应当依据《立法法》的立法权限划分,分别对照《行政许可法》《行政处罚法》关于行政许可、行政处罚设定权的规定,对应设置前科就业限制的不同位阶法律的设定权,排除地方性法规、规章及以下法律规范对于前科就业限制的设定权,将前科就业限制的设定权收缩到法律、行政法规之中,从而规范约束不同立法主体的前科就业限制的立法权限。

四、考量罪名存废与权利限制必要性

刑法中所确立的罪名并非一成不变的,随着社会和时代的变迁而有存、废、增、减之变化。对于已经被废除的罪名,对此后相同的行为不再认定为犯罪,但是,由于没有前科消灭制度,且大部分权利限制往往没有明确的时间限制,则导致犯罪所带来的前科效应仍然存在,并长期

甚至终身附着于行为人身上。譬如,1997 年《刑法》废除了 1979 年《刑法》中的流氓罪,对于最后一个"流氓罪"犯人是否还要继续服刑的问题曾经在理论上引起广泛关注和讨论。①而进一步延伸,曾犯"流氓罪"的人还需不需要背负"流氓罪"的犯罪前科,并基于此受到各种权利限制?对有前科公民基本权利限制的前提是该公民犯罪被宣告有罪或被判处刑罚,既然其行为已经不认定为犯罪了,是否还存在相应的前科,是否还需要对其权利进行限制,这个问题应当在对有前科公民基本权利限制的制度设计和实践操作上予以考量。

---

① 辰光:《中国最后一个"流氓罪"犯人:将服刑至 2020 年》,载凤凰网 http://news.ifeng.com/society/1/detail_2010_12/02/3305698_0.shtml。

结语：抹得掉的过去，看得见的未来

　　中国传统文化认为"人谁无过？过而能改，善莫大焉"。①意在劝导犯错之人改邪归正，积极向善。然而，向善需要制度的引导和保障，使犯错之人有向善的机会、渠道和可能。倘若对犯罪之人始终抱有敌视、仇视、漠视、无视的情绪和态度，其权利得不到相应的保障，即使犯罪之人再怎么努力改正、向善，也难以回归正常的社会生活。在一个现代法治社会，某种程度上讲，如何对待犯错者、越轨者、偏差者、异常者、犯罪者，是严苛还是宽容，体现了一个国家、一个社会人权保障的基本水准。当然，出于预防犯罪的需要，公权力限制有前科公民的基本权利，或者基于某种权利自身的特点排斥有前科公民的享有和行使并非不可，关键是这种限制应有边界的约束，并通过制度设计

① 《左传·宣公二年》。

置换为相应的合宪性、合法性控制规则和程序，撕去犯罪人标签，使曾犯罪之人能够抹得掉过去，能够看得见未来，不让昨天的历史决定明天的未来。

参考文献

一、著作及译著类

1. [美]朱迪·皮考特：《被贴上标签的人》，郭宝莲译，北京联合出版公司 2016 年版。

2. 张文显：《二十世纪西方法哲学思潮》，法律出版社 1996 年版。

3. 贝克尔：《局外人：越轨的社会学研究》，张默雪译，南京大学出版社 2011 年版。

4. 苏彩霞：《累犯制度比较研究》，中国人民公安大学出版社 2002 年版。

5. [法]米歇尔·福柯：《规训与惩罚》，刘北成、杨远婴译，三联书店 2012 年版。

6. [德]拉德布鲁赫：《法学导论》，米健译，中国大百科全书出版社 1997 年版。

7. 张甘妹：《刑事政策》，台北三民书局 1979 年版。

8. 胡锦光、韩大元：《中国宪法》，法律出版社 2004 年版。

9. [奥]凯尔森：《法与国家的一般理论》，沈宗灵译，商务印书馆 2013 年版。

10. 朱应平：《宪法中非权利条款人权保障功能研究》，法律出版社 2009 年版。

11. 刘茂林、杨贵生、秦小建：《中国宪法权利体系的完善——以国际人权公约为参照》，北京大学出版社 2013 年版。

12. 秦奥蕾：《基本权利体系研究》，山东人民出版社 2009 年版。

13. 郑贤君：《基本权利研究》，中国民主法制出版社 2007 年版。

14. 莫纪宏：《宪法学》，社会科学文献出版社 2004 年版。

15. 童之伟：《法权与宪政》，山东人民出版社 2001 年版。

16. ［德］格奥格·耶利内克：《主观公法权利体系》，曾韬、赵天书译，中国政法大学出版社 2012 年版。

17. 陈新民：《宪法导论》，新学林出版股份有限公司 2008 年版。

18. 杨知勇：《家族主义与中国文化》，云南大学出版社 2000 年版。

19. 乔伟：《中国法律制度史（上册）》，吉林人民出版社 1982 年版。

20. 钱大群：《唐律疏议新注》，南京师范大学出版社 2007 年版。

21. 郑杭生：《转型中的中国社会和中国社会的转型》，首都师范大学出版社 1996 年版。

22. 侯国云、白岫云：《新刑法疑难问题解析与适用》，中国检察出版社 1998 年版。

23. 邱兴隆：《刑罚理性导论》，中国政法大学出版社 1998 年版。

24. 胡建淼：《行政法学》，法律出版社 2005 年版。

25. 陈兴良：《刑法哲学》，中国政法大学出版社 2009 年版。

26. 张小虎：《刑罚论的比较与构建》，群众出版社 2010 年版。

27. 陈兴良：《本体刑法学》，商务印书馆 2001 年版。

28. 张明楷：《外国刑法纲要》，清华大学出版社 1999 年版。

29. 徐久生：《保安处分新论》，中国方正出版社 2006 年版。

30. ［德］冯·李斯特：《德国刑法教科书》，徐久生译，法律出版社 2006 年版。

31. 《比利时刑法典》，陈志军译，中国政法大学出版社 2015 年版。

32. 《法国新刑法典》，罗结珍译，中国法制出版社 2003 年版。

33. 《西班牙刑法典》，潘灯译，中国检察出版社 2015 年版。

34.《俄罗斯联邦刑法典》,黄道秀译,北京大学出版社 2008 年版。

35.《葡萄牙刑法典》,陈志军译,中国人民公安大学出版社 2010 年版。

36.《蒙古国刑法典》,徐留成译,北京大学出版社 2006 年版。

37. 刘军:《性犯罪记录制度的体系性构建——兼论危险评估与危险治理》,知识产权出版社 2016 年版。

38.《德国联邦公务员法》,徐久生译,中国方正出版社 2014 年版。

39.《马克思恩格斯选集第一卷》,人民出版社 1995 年版。

40.《马克思恩格斯选集第四卷》,人民出版社 1995 年版。

41. [德]冯·李斯特:《论犯罪、刑罚与刑事政策》,徐久生译,北京大学出版社 2016 年版。

42. [意]加罗法洛:《犯罪学》,郭建安译,中国大百科全书出版社 1996 年版。

43. [意]恩里科·菲利:《实证派犯罪学》,郭建安译,商务印书馆 2016 年版。

44. [加]托马斯·加博:《犯罪行为预测——统计方法》,中国人民公安大学出版社 1990 年版。

45. 孔一:《犯罪预防实证研究》,群众出版社 2006 年版。

46. 文姬:《人身危险性评估方法研究》,中国政法大学出版社 2014 年版。

47. [法]卡斯东·斯特法尼等:《法国刑法总论精义》,罗结珍译,中国政法大学出版社 1998 年版。

48. [美]理查德·A.波斯纳:《法理学问题》,苏力译,中国政法大学出版社 2002 年版。

49. [英]吉米·边沁:《道德与立法原理导论》,时殷弘译,商务印书馆 2009 年版。

50. [英]休谟:《人性论》,关文运译,商务印书馆 2016 年版。

51. [美]曼纽尔·卡斯特:《千年终结》,夏铸九等译,社会科学文献出版社 2006 年版。

52. [意]贝卡利亚:《论犯罪与刑罚》,黄风译,北京大学出版社 2014 年版。

53. 张晓斌:《个体建构视角下的刻板印象激活》,华中师范大学出版社 2016 年版。

54. ［法］迭朗善译：《摩奴法典》，马香雪转译，商务印书馆2011年版。

55. ［美］亨利·查尔斯·李：《迷信与暴力》，X.Li译，广西师范大学出版社2016年版。

56. ［美］迈克尔·D.贝勒斯：《法律的原则——一个规范的分析》，张文显等译，中国大百科全书出版社1996年版。

57. ［德］康德：《法的形而上学原理》，沈叔平译，商务印书馆2011年版。

58. ［德］黑格尔：《法哲学原理》，范扬、张企泰译，商务印书馆2009年版。

59. ［美］劳伦斯·泰勒：《遗传与犯罪》，孙力、贾宇译，群众出版社1986年版。

60. ［法］米歇尔·福柯：《惩罚的社会》，陈雪杰译，上海人民出版社2016年版。

61. 李惠宗：《宪法要义》，元照出版公司2004年版。

62. 陈新民：《宪法学释论》，台北三民书局2008年版（修正六版）。

63. 周占生：《权利的限制与抗辩》，科学技术文献出版社2015年版。

64. 梁慧星：《民法总论》，法律出版社2001年版。

65. ［德］卡尔·施密特：《宪法学说》，刘锋译，上海人民出版社2016年版。

66. 童之伟：《法权与宪政》，山东人民出版社2001年版。

67. 法治斌、董保城：《宪法新论》，元照出版公司2012年版。

68. ［美］伯纳德·施瓦茨：《美国法律史》，中国政法大学出版社1989年版。

69. 朱应平：《论平等权的宪法保护》，北京大学出版社2004年版。

70. 陈新民：《德国公法学基础理论（上卷）》，法律出版社2010年版。

71. 陈新民：《德国公法学基础理论（下卷）》，法律出版社2010年版。

72. 萨孟武：《政治学与比较宪法》，商务印书馆2013年版。

73. 柏拉图：《法律篇》，张智仁、何勤华译，上海人民出版社2001年版。

74. 张明锋：《加拿大司法审查的应用研究——以宪法平等权的司法保护为例》，中国政法大学出版社2011年版。

75. 李惠宗：《宪法要义》，元照出版公司2012年版。

76. 蔡震荣：《行政法理论与基本人权之保障》，五南图书出版公司1999年版。

77. 赵小芹：《行政法诚实信用原则研究》，吉林人民出版社2011年版。

78. 林三钦：《法令变迁、信赖保护与法令溯及适用》，新学林出版股份有限公司

2008 年版。

79. 杨伯峻、杨逢彬:《论语译注》,岳麓书社 2009 年版。

80. [美]博登海默:《法理学——法律哲学与法律方法》,邓正来译,中国政法大学出版社 1999 年版。

81. [德]卡尔·拉伦茨:《法学方法论》,陈爱娥译,商务印书馆 2003 年版。

82. 林朝荣、林芸澧:《既判力与二重风险之研究》,一品文化出版社 2009 年版。

83. [英]马丁·洛克林:《公法与政治理论》,郑戈译,商务印书馆 2002 年版。

84. [德]哈特穆特·毛雷尔:《行政法学总论》,高家伟译,法律出版社 2000 年版。

85. [德]奥托·迈耶:《德国行政法》,刘飞译,商务印书馆 2002 年版。

86. 马克昌:《比较刑法原理》,武汉大学出版社 2002 年版。

87. 《瑞士联邦刑法典》,徐久生、庄敬华译,中国方正出版社 2004 年版。

88. [德]汉斯·海因里希·耶塞克、托马斯·魏特根:《德国刑法教科书(总论)》,徐久生译,法律出版社 2001 年版。

89. [英]戴维·M.沃克:《牛津法律大词典》,光明日报出版社 1988 年版。

90. 沈家本:《续修会典事例残卷一卷》,《沈家本全集第一卷》,中国政法大学出版社 2008 年版。

91. 周汉华:《〈中华人民共和国个人信息保护法〉(专家建议稿)及立法研究报告》,法律出版社 2006 年版。

二、编著类

1. 应松年主编:《行政法与行政诉讼法(下)》,中国法制出版社 2009 年版。

2. 叶志宏等编:《外国著名法典及其评述》,中央广播电视大学出版社 1987 年版。

3. [英]戴维·米勒、韦农·波格丹诺主编:《布莱克维尔政治学百科全书》,邓正来等译,中国政法大学出版社 1992 年版。

4. 周叶中主编:《宪法》,高等教育出版社、北京大学出版社 2005 年版。

5. 吴汉荣主编:《医学心理学》,华中科技大学出版社 2003 年版。

6. 全国人大常委会法制工作委员会刑法室编:《〈中华人民共和国刑法〉解读》，中国法制出版社 2015 年版。

7. 罗豪才主编:《行政法学》，中国政法大学出版社 1989 年版。

8. 王连昌主编:《行政法学》，中国政法大学出版社 1994 年版。

9. [匈]珀尔特·彼得主编:《匈牙利新〈刑法典〉述评》，郭晓晶、宋晨晨译，上海社会科学院出版社 2014 年版。

10. 许章润主编:《犯罪学》，法律出版社 2004 年版。

11.《辞海(第六版)》，上海辞书出版社 2009 年版。

12. 何勤华、夏菲主编:《西方刑法史》，北京大学出版社 2006 年版。

13. 萧榕主编:《世界著名法典选编·宪法卷》，中国民主法制出版社 1997 年版。

14. 张翔主编:《德国宪法案例选释第 1 辑基本权利总论》，法律出版社 2012 年版。

15. 孙谦、韩大元主编:《非洲十国宪法》，中国检察出版社 2013 年版。

16. 李念祖编:《案例宪法Ⅲ(上)　人权保障的内容》，三民书局 2006 年版。

17. 胡建淼主编:《论公法原则》，浙江大学出版社 2005 年版。

18. 肖金明主编:《原则与制度:比较行政法的角度》，山东大学出版社 2004 年版。

19. 姜明安、李洪雷主编:《行政法与行政诉讼法教学案例》，法律出版社 2004 年版。

20. 雷磊编:《拉德布鲁赫公式》，中国政法大学出版社 2015 年版。

21. 马克昌主编:《刑罚通论》，武汉大学出版社 1999 年版。

22. Н.Ф.库兹涅佐娃、И.М.佳日科娃主编:《俄罗斯刑法教程(总论)下卷·刑罚论》，黄道秀译，中国法制出版社 2002 年版。

23. 王志祥主编:《〈刑法修正案(八)解读与评析〉》，中国人民公安大学 2011 年版。

24. 徐久生、庄敬华编:《德国刑法典》，中国方正出版社 2002 年版。

25. [美]克特·W.巴克主编:《社会心理学》，南开大学出版社 1987 年版。

三、杂志类

1. 马长生、彭新林:《前科消灭的性质辨析》,《安徽大学法律评论》2008 年第2 辑。

2. 于志刚:《前科株连效应的刑法学思考》,《法学研究》2011 年第 1 期。

3. 于志刚:《犯罪记录报告制度的批判性解读及其完善》,《南都学坛(人文社会科学学报)》2009 年第 5 期。

4. 彭新林、毛永强:《前科消灭的内容与适用范围初探》,《法学杂志》2009 年第9 期。

5. 蒋红珍:《把握好限制公民平等就业权的合理的度——从〈娱乐场所管理条例〉第 5 条招致质疑说开去》,《法学》2006 年第 9 期。

6. 王安鹏:《受过刑事处罚的人能否被录用为公务员——对〈公务员法〉第二十四条第一项的宪法学思考》,《人大法律评论》2011 年卷第二辑。

7. 周林刚:《论社会排斥》,《社会》2004 年第 6 期。

8. 王立业:《社会排斥理论研究综述》,《重庆工商大学学报(社会科学版)》2008年第 3 期。

9. 杨团:《社会政策研究范式的演化及其启示》,《中国社会科学》2002 年第4 期。

10. 李斌:《社会排斥与中国城市住房改革制度》,《社会科学研究》2002 年第3 期。

11. 林偾纮:《以社会复归观点反思前科记录限制基本权之妥当性——从释字第五八四号解释谈起》,《警大法学论集》第 20 期。

12. 傅美惠:《保全业法第 10 条之 1 修正评析》,《警大法学论集》第 22 期。

13. 张晋清、傅清河:《试谈我国刑法中的前科》,《法学杂志》1985 年第 5 期。

14. 邱连云:《常用错的法律用语》,《法学杂志》1988 年第 6 期。

15. 鲍遂献:《论前科》,《法学评论》1987 年第 1 期。

16. 于志刚:《论前科制度的量刑价值》,《山东公安专科学校学报》2001 年第6 期。

17. 徐显明:《"基本权利"析》,《中国法学》1991 年第 6 期。

18. 李龙、周叶中：《宪法的基本范畴简论》，《中国法学》1996 年第 6 期。

19. 韩大元：《宪法文本中"人权条款"的规范分析》，《人权》2006 年第 1 期。

20. 张翔：《论人权与基本权利的关系——以德国法和一般法学理论为背景》，《法学家》2010 年第 6 期。

21. 郑贤君：《宪法权利体系是怎样发展的？——以美国法为范例的展开：司法创制权利的保护》，《法学家》2005 年第 6 期。

22. 刘松山：《人权入宪的背景、方案与文本解读》，《华东政法大学学报》2014 年第 5 期。

23. 黎敏：《"宪法体系化"再思考——限权宪法原理下的限权原则体系与宪法价值秩序》，《政法论坛》2017 年第 2 期。

24. 周叶中：《公民基本权利保障》，《深圳大学学报（人文社会科学版）》2004 年第 1 期。

25. 韩大元：《中国宪法学上的基本权利体系》，《江汉大学学报（社会科学版）》2008 年第 1 期。

26. 童之伟：《法权中心主义要点及其法学应用》，《东方法学》2011 年第 1 期。

27. 汪进元：《人身自由的构成与限制》，《华东政法大学学报》2011 年第 2 期。

28. 刘夏：《保安处分视角下的职业禁止研究》，《政法论丛》2015 年第 6 期。

29. 孙平：《政府巨型数据库时代的公民隐私权保护》，《法学》2007 年第 7 期。

30. 束钰：《标签理论下青少年犯罪问题探析》，《安徽大学刑法学》2010 年 4 月。

31. 叶必丰：《行政合理性原则的比较与实证研究》，《江海学刊》2002 年第 6 期。

32. 汪燕：《行政合理性原则与失当行政行为》，《法学评论》2014 年第 5 期。

33. 彭文华：《我国刑罚体系的改革与完善》，《苏州大学学报（哲学社会科学版）》2015 年第 1 期。

34. 李荣：《我国刑罚体系外资格刑的整合》，《法学论坛》2007 年第 2 期。

35. 叶良芳、应家赟：《论有前科者从业禁止及其适用》，《华北水利水电大学学报（社会科学版）》2015 年第 4 期。

36. 范娅楠：《对〈刑法修正案九〉中剥夺特定职业从业权的相关思考》，《广州广播电视大学学报》2016 年第 1 期。

37. 曹予生:《关于"本质属性"概念——与李先焜同志商榷》,《武汉师院学报（哲学社会科学版)》(现名《湖北大学学报(哲学社会科学版)》)1982年第6期。

38. 时延安:《隐性双轨制:刑法中保安处分的教义学阐释》,《法学研究》2013年第3期。

39. 于志刚:《论前科效应的理论基础》,《政法论坛(中国政法大学学报)》2002年第2期。

40. 翟中东:《关于重新犯罪防治政策调整的思考》,《法学家》2009年第2期。

41. 欧渊华、陈晓斌、陈名俊:《福建省刑满释放人员重新犯罪问题研究》,《福建公安高等专科学校学报》2007年第3期。

42. 彭新林:《论前科与死刑的限制适用》,《华东政法大学学报》2017年第2期。

43. 杨兴培:《中国刑法领域"法益理论"的深度思考及商榷》,《法学》2015年第9期。

44. 黄兴瑞、孔一、曾赟:《再犯预测研究——对浙江罪犯再犯可能性的实证分析》,《犯罪与改造研究》2004年第4期。

45. 阎耀军、张明:《犯罪预测时空定位信息管理系统的构建》,《中国人民公安大学学报(社会科学版)》2013年第4期。

46. 赵军:《"先知"之惑——犯罪预测局限性研究》,《河南公安高等专科学校学报》2010年第6期。

47. 冯必扬:《社会公正新探——基于资源分配的视角》,《江苏行政学院学报》2015年第4期。

48. 张黎呐:《美国边缘人理论流变》,《天中学刊》2010年第4期。

49. 阿拉坦宝力格、贾爽:《论"边缘人群"》,《财经理论研究》2015年第6期。

50. 李尚敏、朱同丹:《边缘群体问题分析及对策建议》,《江南大学学报(人文社会科学版)》2003年第3期。

51. 陈和华:《论心理疏远与犯罪》,《青少年犯罪研究》1989年第3—4期。

52. 王立:《复仇心态及中国古代文学复仇主题的审美效应》,《求索》1994年第5期。

53. 邱兴隆：《报应刑的价值悖论——以社会秩序、正义与个人自由为视角》，《政法论坛（中国政法大学学报）》2001 年第 2 期。

54. 吴新民：《古典惩罚伦理学范式的突破——从柏拉图到塞涅卡》，《中南大学学报（社会科学版）》2006 年第 5 期。

55. 张翔：《基本权利限制问题的思考框架》，《法学家》2008 年第 1 期。

56. 汪进元：《基本权利限制的合宪性基准》，《政法论丛》2010 年第 4 期。

57. 唐雪琼、杨茜好、钱俊希：《社会建构主义视角下的边界——研究综述与启示》，《地理科学进展》2014 年第 7 期。

58. 丁文：《权利限制论之疏解》，《法商研究》2007 年第 2 期。

59. 李步云、刘士平：《论法律平等》，《湖南社会科学》2004 年第 5 期。

60. 黄昭元：《兼论比例原则在平等权审查上的适用可能》，《台大法学论丛》第 37 卷第 4 期。

61. 陈怡如：《析论比例原则违宪审查标准之本土化》，《白沙人文社会学报》2005 年第 4 期。

62. 周伟：《中华人民共和国反歧视法（草案）学术建议稿》，《河北法学》2007 年第 3 期。

63. 李成：《平等权的司法保护——基于 116 件反歧视诉讼裁判文书的评析与总结》，《华东政法大学学报》2013 年第 4 期。

64. 蒋红珍：《比例原则阶层秩序理论之重构——以"牛肉制品进销禁令"为验证适例》，《上海交通大学学报（哲学社会科学版）》2010 年第 4 期。

65. 刘权：《目的正当性与比例原则的重构》，《中国法学》2014 年第 4 期。

66. 门中敬：《比例原则的宪法地位与规范依据——以宪法意义上的宽容理念为分析视角》，《法学论坛》2014 年第 9 期。

67. 叶海波、秦前红：《法律保留功能的时代变迁——兼论中国法律保留制度的功能》，《法学评论》2008 年第 4 期。

68. 高慧铭：《基本权利限制之限制》，《郑州大学学报（哲学社会科学版）》2012 年第 1 期。

69. 赵宏：《限制的限制：德国基本权利限制模式的内在机理》，《法学家》2011 年第 2 期。

70. 肖北庚:《法律保留实质是权利保留》,《现代法学》2008 年第 2 期。

71. 王晨:《刑罚体系的多元中心》,《法学》1993 年第 6 期。

72. 李荣:《我国刑罚体系外资格刑的整合》,《法学论坛》2007 年第 2 期。

73. 逢笑枫、刘晓莉:《食品、药品安全犯罪的资格刑配置研究》,《河北法学》
   2014 年第 7 期。

74. 胡学相、周婷婷:《和谐社会建设与刑罚轻缓化》,《华南理工大学学报》2007
   年第 3 期。

75. 张新宝:《从隐私到个人信息:利益再衡量的理论与制度安排》,《中国法学》
   2015 年第 3 期。

76. 王秀哲:《我国个人信息立法保护实证研究》,《东方法学》2016 年第 3 期。

四、文集类

1. 张锟盛:《析论禁止恣意原则》,载城仲模:《行政法之一般法律原则(一)》,三
   民书局 1994 年版。

2. 董保城:《行政处分之撤销与废止》,《行政法争议问题研究》(上),五南图书
   出版公司 2000 年版。

3. 何赖杰:《刑事判决之一部确定效力——以德国法为例》,载许玉秀主编:《刑
   事法之基础与界限》,学林文化事业有限公司 2003 年。

五、学位论文类

1. 王彬:《就业中的前科歧视研究》,上海交通大学博士学位论文 2009 年。

2. 李健:《论前科消灭制度及其构建》,吉林大学博士学位论文 2012 年。

3. 李思仪:《从宪法平等权观点检视有前科者之职业选择自由限制》,台湾大学
   法律学研究所硕士学位论文 2007 年。

4. 覃剑峰:《论前科》,武汉大学博士学位论文 2010 年。

5. 彭新林:《前科消灭论》,湘潭大学硕士学位论文 2007 年。

6. 夏泽祥:《美国宪法第九修正案研究》,山东大学博士学位论文 2011 年。

7. 涂云新：《经济、社会、文化权利的宪法保障比较研究》，武汉大学博士学位论文 2014 年。

8. 王秀哲：《隐私权的宪法保护》，苏州大学博士学位论文 2005 年。

9. 王品卿：《重新犯罪风险评估量表的编制及其影响因素的实证研究》，闽南师范大学硕士学位论文 2015 年。

10. 周光权：《法定刑研究》，中国人民大学博士学位论文 1999 年。

11. 吴新民：《柏拉图的惩罚理论》，浙江大学博士学位论文 2007 年。

12. 朱应平：《论平等权的宪法保护》，苏州大学博士学位论文 2003 年。

13. 薛静丽：《刑罚权的动态研究》，山东大学博士学位论文 2011 年。

六、报纸类

1.《刑满人员求职频频碰壁》，《南方日报》2013 年 1 月 6 日第 A9 版。

2. 刘凡：《深圳 3 000 多专车司机有"前科"曾涉吸毒、重大刑事犯罪：多部门约谈滴滴、优步、易到等平台》，《南方都市报》2016 年 3 月 30 日第 A1 版。

3. 李明：《上海闵行限制涉性侵犯罪人员从业》，《新京报》2017 年 8 月 29 日第 A14 版。

4. 李莉莉：《青岛市积分落户实施细则出台》，《青岛日报》2015 年 5 月 7 日第 1 版。

5.《刑释人员称实名上网必被查　一日行窃终身是贼?》，《京华时报》2010 年 10 月 9 日。

6. 程媛媛、胡克凡：《派出所质疑社保局：退休为何要开无犯罪证明》，《新京报》2015 年 8 月 26 日第 A16 版。

7. 韩景玮：《公安部新规一出市民开无犯罪记录证明作了难》，《大河报》2015 年 9 月 28 日第 A9 版。

七、中文网站类

1. 涂永辉、胡亚熙：《保安砍人有前科　宾馆违反保安管理条例受罚 1 万》，载 http://news.sohu.com/20120814/n350610792.shtml。

2.《温州驱赶"有前科暂住者"事件》,载网易新闻中心 http://news.163.com/07/0605/08/3G7953BH00011SM9.html。

3.《有前科就不能见义勇为?》,载 http://news.huxi.cc/NewsShow-28569.html。

4. 孔令泉:《公务员考试第一名难过政审关 只因其舅犯法》,载 http://news.qq.com/a/20080428/002209.htm。

5.《宁波外来工子女入学障碍重重 需持家长无犯罪证明》,载 http://unn.people.com.cn/GB/14748/9497503.html。

6.《孩子入学需家长出具无犯罪记录证明》,载 http://news.hangzhou.com.cn/shxw/content/2017-06/21/content_6583388.htm。

7. 孙玉波、周芙蓉:《公安部筹建传销违法犯罪分子信息库打击传销》,载 http://www.gov.cn/jrzg/2006-11/22/content_450746.htm。

8.《关于〈中华人民共和国行政强制法(草案)〉的说明》,载 http://law.npc.gov.cn/FLFG/flfgByID.action?flfgID=31474852&zlsxid=23。

9. 津 0113 刑初 175 号刑事判决书,载中国裁判文书网 http://wenshu.court.gov.cn/content/content?DocID=a1087e9a-09ce-4950-a3ee-a7860080bc0f&KeyWord=从业禁止。

10.(2016)闽 0582 刑初 3010 号刑事判决书,载中国裁判文书网 http://wenshu.court.gov.cn/content/content?DocID=57c9a2dc-2152-47f3-86a0-a73d011ea8a0&KeyWord=从业禁止。

11. 孝文:《美警方测试犯罪预测软件可大幅降低犯罪率》,载 http://tech.sina.com.cn/d/2012-07-17/08017395390.shtml。

12. 林雪晴:《德国警察受美国电影启发尝试用软件预测犯罪》,载 http://world.people.com.cn/n/2014/1203/c157278-26141884.html。

13.《关于第十一届全国人民代表大会第一次会议代表提出议案处理意见的报告》,载中国人大网 http://www.npc.gov.cn/wxzl/gongbao/2008-06/17/content_1475428.htm。

14. 辰光:《中国最后一个"流氓罪"犯人:将服刑至 2020 年》,载凤凰网 http://news.ifeng.com/society/1/detail_2010_12/02/3305698_0.shtml。

八、中译论文类

1. 〔英〕威廉·韦德:《合理原则》,李湘如译,《环球法律评论》1991 年第 6 期。

2. 〔印〕阿马蒂亚·森:《论社会排斥》,王燕燕摘译,《经济社会体制比较》2005 年第 3 期。

3. 〔美〕詹姆斯·杰克布斯、塔玛拉·克莱皮特:《犯罪记录范围、用途和可获得性的扩张》,徐翠翠、岳蓓玲译,《刑法论丛》2009 年第 3 卷。

4. 〔德〕罗伯特·阿列克西:《论宪法权利的构造》,张龑译,《法学家》2009 年第 5 期。

九、外文论著类

Erwin Chemerinsky, Constitutional Law Principles and Policies, Aspen Publishers, 2006.

十、外文论文类

1. Naomi F.Sugie, Criminal Record Questions, Statistical Discrimination, and Equity in a "Ban the Box" Era, Criminology & Public Policy, Volume 16, Issue 1.

2. Harless, William, "'Ban the Box' Laws Make Criminal Pasts Off-Limits", Wall Street Journal. Retrieved 30, October 2013.

3. Dave Boyer, Obama Finalizes Regulation to "Ban the Box" on hiring job applicants with Criminal Records, The Washington Times, November 30, 2016.

4. Jill S.Levenson, David A.D Amora, Andrea L.Hern, Megan's Law and its Impact on Community Re-Entry for Sex Offenders, Behavioral Sciences & the Law, vol.25 Issue 4, Jul 2007.

5. Jonathan Simon, Megan's Law: Crime and Democracy in Late Modern America, Law & Social Inquiry, Vol.25 Issue 4, Fall 2000.

6. Megan's Law: Community Notification for the Release of Sex Offenders,

Criminal Justice Ethics, Vol.14 Issue 2, Summer/Fall 95.

7. Brooks, Alexander D., Megan's Law: Constitutionality and Policy, Criminal Justice Ethics, Winter/Spring 96, Vol.15 Issue 1.

8. Constitutional Law-Procedural Due Process-Pennsylvania Supreme Court Holds Sentence Enhancement Provisions of "Megan's Law" Unconstitutional, Harvard Law Review, Vol.113 Issue 8, Jun 2000.

9. Megan's Law in the Balance, Christian Science Montior, Vol.94 Issue 125, 5/22/2002.

10. Richey Warren, Megan's Law Faces High-court Test, Christian Science Monitor, Vol.94 Issue 245, 11/13/2002.

11. Richey Warren, Feldman Linda, Megan's Law Upheld, Christian Science Monitor, Vol.95 Issue 69, 3/6/2003.

12. Megan C.Kurlychek, Robert Brame, Shawn D.Bushway, Enduring Risk? Old Criminal Records and Predictions of Future Criminal Involvement, Crime & Delinquency, Volume 53 Number 1, January 2007.

13. Zhang Guoqing, Distributive Justice and Social Desert, Social Sciences in China, Vol.37, No.2, 2016.

十一、外文网站类

1. Mollie Reilly, Georgia Governor Signs "Ban the Box" Order Helping Ex-Offenders Get Jobs, https://www.huffingtonpost.com/2015/02/24/georgia-ban-the-box_n_6746006.html, Oct.10, 2017.

2. Christopher Mathias, New York City Council Passes "Ban The Box" Bill Restricting Use of Criminal Records In Hiring, https://www.huffingtonpost.com/2015/06/11/ban-the-box-new-york_n_7561042.html?ir=Black% 20 Voices&ncid=fcbklnkushpmg00000047, Oct.10, 2017.

3. Juleyka Lantigua Williams, "Ban the Box" Goes to College, https://www.theatlantic.com/politics/archive/2016/04/ban-the-box-comes-to-campus/480195/,

Oct.10，2017.

4. SUNY Board Votes to "Ban the Box" Following Student Assembly Recom-
   mendation，https：//www. suny. edu/suny-news/press-releases/september-
   2016/9-14-16-ban-the-box/suny-board-votes-to-ban-the-box-following-sa-
   recommendation-campus-visits.html♯，Oct.10，2017.

后　记

　　作为一名兼职法学研究者，我有着十多年的司法警察工作经历，长期接触社会边缘人群，他们中的很多人有犯罪记录，也就是我们常说的"前科"。在与他们的沟通中，我时常听到这样一句话"走出去回不去"——"走出去"的是监狱，"回不去"的是社会。在回归社会的过程中，几乎每一个有前科的人都会不同程度遭遇就业、入学、落户、社会保障等方面的困难，很多人在问我怎么办？这个问题盘旋在我脑海中很长时间，我们可以个案化解决一些问题，例如联系相关部门帮助无劳动能力的人申请低保，帮助无住房的人申请廉租房等，但这往往头痛医头、脚痛医脚，我们需要的是对制度设计和运行现实进行系统梳理和反思。

　　限制有前科公民权利，让犯过罪、受过罚的人再次承受各种正式的和非正式的、规范的和非规范的否定性评价以及权利的限制和义务的增加，是蔓延在人类社会发展不同历史阶段的一个十分常见的现象。这一现象的背后是针对有前科公民构建的一整套权利限制的制度和机制。其中,由于基本权利关涉公民的人格尊严、人身财产和生存发展,在整个公民权利体系中居于最为核心和重要的地位,因而对有前科公民来说,限制基本权利的"痛感"尤为强烈。实践中出现的限制有前科公民就业权、社会保障权、荣誉权、隐私权等热点案例引起了社会的广泛关注,也产生了诸多的争议与分歧。拨开层层纷扰,当问题回归到基本权利限制这一传统话题时,吁求我们做进一步的理性思考:为什么要限制有前科公民基本权利?限制哪些基本权利?限制多长时间?怎样限制才是正当与合法的?限制有前科公民基本权利的边界在哪里?

传统的以"刑罚"为中心的刑法学认识路径难以全面认识和解决上述问题,因此,需要引入以"权力"为中心的认识路径,通过对权力运作轨迹的追踪来分析这种权利限制的边界。限制有前科公民基本权利不仅仅是刑罚惩罚功能的单纯延续,不仅仅是单一的犯罪预防和社会防卫的现实需求,也不仅仅是情感的冲动与文化的偏见,其背后有着复杂的人性、人文基础。我们需要设置一种基本权利限制的合理性、合宪性调控和权衡机制,从而将公权力对有前科公民基本权利的限制控制在一个合理的阈值范围内,既能实现权利限制的功能,又不对有前科公民予以违宪、违法的权利限制。简言之,有前科公民基本权利并非不得限制,而是,这种限制应当有边界的约束,必须是基于预防犯罪这一公共利益的需要,置于宪法、法律规制之下进行的合理的、克制的、审慎的限制,而不得加以事后追惩性限制和歧视性限制。

紧张、忙碌而充实的求学生涯倏忽而过,课堂上的观点交锋,课后的火花碰撞,图书馆的书海遨游,夜灯下的冥思苦想,有时是一本书的启发,有时是一句话的点拨,有时是脑海里不同观点的左右互搏,有时是艰难的否定之否定……时间刻下岁月的烙印,成为记忆的篇章。时隔三年,当博士毕业论文正式付梓出版,恍惚间似有看着自家孩子从稚嫩萌童成长为翩翩少年的怅然之感。

　　读博期间我有幸获得华东政法大学童之伟教授、王月明教授、朱应平教授、沈福俊教授、江利红教授的悉心指导，他们传授给我的不仅仅是专业的知识和方法，更是严谨治学的态度和品格。导师刘松山教授无私指导和传授多年学术研究心得体会和经验方法，帮助我在研究过程中少走弯路，他的指导总是一语中的、一针见血，他风格鲜明的研究方法和研究视角、对问题的精准把握、对概念的抽象概括都让我受益匪浅。感谢我的领导、同事在我的研究和工作上给予的关心和帮助，虽然无法一一致谢，但会铭记于心。

　　最后，要感谢我的家人，为我分担了很多家务，让我无后顾之忧安心研究，在我研究和写作遇到瓶颈，一筹莫展时，疏导、鼓励、支持我。尤其要感谢我的儿子，从生命的孕育之处他就陪伴我在研究的道路上披荆斩棘，可爱的他给我的生活带来了太多的欢乐。感恩有你们！

邵玉婷